CONFESIONES DE FE
DE LA
IGLESIA

(Las tres confesiones
de la Iglesia Antigua
y las tres confesiones Reformadas)

Confesiones
de Fe
de la
Iglesia

editorial clie

Editorial CLIE
Ferrocarril, nº 8
08232 Viladecavalls (Barcelona) España
E-mail: clie@clie.es
Web: http://www.clie.es

CONFESIONES DE FE DE LA IGLESIA

1a edición 1983
7.000 ejemplares

2a edición 1987
5.000 ejemplares

3a edición 1990
3.000 ejemplares

4a edición 1995
3.000 ejemplares

5a edición 1999
2.000 ejemplares

ISBN 978-84-7645-401-5
Depósito Legal: SE-2605-2003

Impreso en EE. UU. / *Printed in the United States of America*

SUMARIO

PROLOGO

Si confesares con tu boca que Jesús es el Señor, y creyeres en tu corazón que Dios le levantó de los muertos, serás salvo. Porque con el corazón se cree para justicia, pero con la boca se confiesa para salvación. (Romanos, 10: 9-10)

La Iglesia viviente ha sido siempre una Iglesia confesante. Por tanto el confesar es esencial para la Iglesia, como se desprende de la respuesta de Pedro a Cristo. Ya que, cuando Cristo hace la pregunta a sus discípulos: *Y vosotros, ¿quién decís que soy yo?*, responde Pedro en nombre de todos los discípulos: *Tu eres el Cristo, el Hijo del Dios viviente* (Mateo, 16: 15-16). Cristo exige a sus discípulos la necesidad de confesar, diciendo: *A cualquiera, pues, que me confiese delante de los hombres, yo también le confesaré delante de mi Padre que está en los Cielos* (Mateo, 10:32). La Iglesia tiene que confesar lo que Dios le demanda que confiese en su Palabra, la cual es suficiente e infalible. Esta Palabra es el único fundamento para la fe y para la manera de vivir del cristiano.

En su lucha contra los enemigos de afuera y contra los que enseñan doctrinas erróneas desde dentro, la Iglesia ha sido forzada a pronunciarse sobre lo que cree y confiesa en virtud del contenido de la Escritura Santa. Es un error pensar que hay contradicción entre la Biblia y

9

las confesiones, puesto que éstas toman todo de la fuente de la Palabra de Dios. Por ello, tienen una autoridad derivada, pero no menos legítima. Están en un error quienes afirman que mantener los símbolos lleva a la discordia. Al contrario, cuanto más cerca vive una Iglesia la Biblia y la confesión, tanto más es fomentada la verdadera y efectiva unidad. Las confesiones tienen gran importancia en el conflicto con toda clase de sectas. Pero ¿qué es propiamente una secta? es una tendencia espiritual que considera una verdad parcial como absoluta, aislándola del conjunto de la Biblia. Como consecuencia de ésto se enseña, fanática y parcialmente, una verdad aislada, descuidando las otras verdades bíblicas. Es necesario atenerse a toda la Biblia y presentar y predicar todo el contenido de la Biblia a los miembros de las Iglesias y, también, a los que no pertenecen a la Iglesia.

Resumiento podemos expresar la utilidad y función de los símbolos como sigue:

1 . —En los símbolos se declara brevemente la doctrina de toda la Escritura Santa, el Antiguo y Nuevo Testamento, sin añadir elementos extra-bíblicos.

2 . —Son rechazados los errores y las parcialidades sectarias, lo que es muy importante, porque en la Iglesia el error no debe tener cabida.

3 . —Se fija una regla para la unidad en la fe con todos los que, en la doctrina y en la manera de vivir, desean seguir con la sencillez de la Palabra de Dios, aceptando sólo y enteramente esta Palabra.

Sólo aquellos que están de acuerdo con la confesión de la Iglesia pueden pertenecer a la Iglesia visible.

Los símbolos son de gran importancia para la vida de la Iglesia y, además, forman el vínculo que une la Iglesia de hoy con la Iglesia antigua y apostólica. Así, pues, las Iglesias Reformadas aceptan de todo corazón el Símbolo Apostólico, el del Concilio de Nicea y el de Atanasio. En otras palabras, creemos lo mismo que creyeron los fieles de la antigua Iglesia y, por tanto, es completamente falso decir que los grandes Reformadores predicaban una nueva doctrina o que fundaban una nueva Iglesia. Al contrario, en obediencia de fe a la Palabra de Dios y conducidos por el Espiritu Santo volvieron a la pureza primitiva del confesar de la antigua Iglesia y de esta forma han puesto la luz sobre el candelero.

Sin embargo, en los tiempos de la Reforma se necesitaba una confesión más extensa que las tres confesiones de la antigua Iglesia. De las muchas confesiones que se originaron en estos tiempos hemos insertado tres en este libro, el Catecismo de Heidelberg, la Confesión de las Iglesias Reformadas de los Paises Bajos (la Confesión Belga) y los Cánones de Dort, porque estas han sido aprobadas por la mayoría de las Iglesias, entre otras, por las Iglesias en Holanda.

En este libro el lector hallará una sucinta introducción histórica de las seis confesiones que han sido insertadas, para ponerlas en el contexto histórico, de modo que se aclare su fondo y significación. Como parte principal de este libro se encuentra el texto integro de:

El Símbolo Apostólico.
El Símbolo del Concilio de Nicea.
El Símbolo de Atanasio.
El Catecismo de Heidelberg.
La Confesión de fe de las Iglesias Reformadas de los Paises Bajos (La Confesión Belga).
Los Cánones de Dort.

También se han insertado con los textos de las tres últimas confesiones muchas citas bíblicas, como pruebas. Además, hay un índice sobre los varios temas y una lista de pasajes paralelos de la Confesión Belga y Cánones de Dort que tratan los mismos asuntos que el Catecismo de Heidelberg, para uso de quienes usan el Catecismo de Heidelberg como temática en la predicación y la catequesis.

Es el anhelo ardiente de los miembros que dirigen la Misión Evangélica para España que sirva esta publicación a la Gloria de Dios, que la Iglesia de Dios sea ayudada y confirmada en la verdad, y que a muchos hombres les sea indicado, por este libro, el camino hacia su salvación eterna, en el camino de la reconciliación y justificación, por la Obra del Dios Trino. ¡Soli Deo Gloria!.

INTRODUCCION HISTORICA

A. El Símbolo de los Apóstoles.

Es éste el símbolo cristiano más antiguo, aunque sea inexacta la tradición que atribuye su composición a los doce apóstoles. Sin embargo, en él se encuentra un compendio sencillo, pero admirable, de la doctrina de los apóstoles. Un niño puede comprender un poco de su contenido y, sin embargo, el más grande erudito no podrá llegar a una comprensión total del mismo.

Este símbolo se menciona por vez primera en una carta de Ambrosio alrededor del año 390. Probablemente su desarrollo ha emanado de la confesión bautismal de la Iglesia de Occidente. Contiene todos los dogmas fundamentales por los que la Iglesia Cristiana se distingue del Judaismo, del Islam y del paganismo, comenzando con la fe en Dios el Creador y terminando con la vida eterna. Es trinitario en la clasificación de su contenido, ya que se confiesa la fe en cada una de las tres Personas de la Santísima Trinidad. En los artículos siguientes se resume brevemente la doctrina acerca de la Iglesia, el Cuerpo de Cristo.

A pesar de las ventajas que ofrecen la concisión de contenido y la sencillez de su lenguaje, tiene, también, sus desventajas, debido a las cuales resultaba imprescindible desarrollar y explicar más exactamente la cristología (doctrina acerca de Cristo), la doctrina acerca de la autoridad de la Palabra de Dios y el confesar acerca del pecado y de la gracia.

B. El Símbolo del Concilio de Nicea.

Esta confesión es el resultado de la lucha contra la herejía de Arrio. Este enseñaba que Cristo no es el Hijo eterno de Dios, sino que era la primera creación de Dios y, como tal, tenía un comienzo en el tiempo y estaba sujeto a modificaciones. En el Concilio de Nicea, el año 325, fué rechazada la doctrina de Arrio y fijada la consustancialidad de Cristo con el Padre. Sin embargo, con el Concilio de Nicea no fueron resueltas todas las cuestiones cristológicas, de modo que fueron necesarias adiciones y explicaciones en el Concilio de Constantinopla, el año 381.

Estas trataban tanto la cristología, como la deidad del Espíritu Santo. Esta extensión al Símbolo de Nicea, se llama el Niceno-Constantinopolitano. Las Iglesias Cristianas aceptaron esta confesión en la forma definitiva del año 381. En el Concilio de Toledo fué insertada una adición que confiesa que el Espíritu Santo procede del Padre y del hijo, el llamado "Filioque". La Iglesia Oriental nunca ha reconocido esta adición.

C. El Símbolo de Atanasio.

Este símbolo no fue compuesto por el mismo Atanasio, "Padre de la Iglesia". Pero dado que sus nociones teológicas, bien fundadas en las Escrituras, fueron incorporadas en este Símbolo y, dado que Atanasio era el gran e incansable defensor de la ortodoxia en la lucha contra los Arrianos y semi-Arrianos, es por ello que a esta confesión se le haya dado su nombre.

Es originada en la Iglesia Occidental, probablemente en el Norte de Africa o en la Galia y muestra los primeros vestigios del pensamiento teológico de Agustín. Según las primeras palabras se llama también a este Símbolo "símbolo Quicunque". El contenido es un compendio extraordinariamente exacto de las conclusiones de los primeros cuatro concilios ecuménicos (325-451) en palabras de Agustín. La doctrina acerca de la Trinidad y la de la encarnación son tratadas de manera especial. Es de destacar que este Símbolo contiene anatemas para aquellos que no lo aceptasen. Este Símbolo no fue aceptado por la Iglesia Oriental.

D. El Catecismo de Heidelberg.

Este Catecismo fue compuesto en 1563 a petición de Federico III, Príncipe elector del Palatinado, en Alemania, redactado por dos catedráticos de la universidad de Heidelberg, Zacarias Ursino y Gaspar Oleviano. El motivo que llevó a la composición fue la gran ignorancia del pueblo, especialmente de la juventud. Además el Príncipe elector quería instruir a las Iglesias para defenderse de la contrarreforma y acabar con las disputas eclesiásticas proporcionándoles buenos conocimientos de las doctrinas de la fe. El Catecismo de Heidelberg se divide en 52 secciones, de forma que su contenido puede ser tratado exactamente en un año, con preferencia en los cultos del domingo por la tarde. Originalmente constaba de 128 preguntas con sus correspondientes respuestas; más tarde se le agregó una nueva pregunta con su correspondiente respuesta, la 80, como reacción a los decretos del Concilio de Trento. La tercera edición de este Catecismo fue traducida al holandés por Pedro Dateno, célebre Pastor holandés. En 1568 fue aprobado el Catecismo de Heidelberg como "manual" para las Iglesias de los Países Bajos, lo que fue confirmado por Sínodos posteriores.

E. La Confesión de las Iglesias Reformadas de los Países Bajos (Confesión Belga) o los 37 artículos.

Esta confesión fue compuesta por Guido de Brés, quien se sirvió de la Confesión de las Iglesias de Francia, de 1559 (la llamada Confesión Galicana). En la noche del 1 al 2 de noviembre de 1561 fue arrojado el texto de esta confesión, junto con una carta al Rey Felipe II, encima del muro del Castillo de Tournai. No es seguro si el Rey llegó a leer la carta y la Confesión. Fue escrita en francés y la traducción al holandés tuvo lugar en 1562.
La reunión eclesiástica de Wezel (1568) aceptó la Confesión Belga como documento que los pastores tenían que firmar.
En los puntos principales todo el confesar cristiano es tratado en su orden, comenzando con la doctrina acerca de Dios y terminando con la escatología.
En el famoso Sínodo de Dort, en 1618-1619 se fijó el texto como autorizado y se declaró como obligatorio.

F. Los Cánones de Dort.

Las disputas con los Arminianos necesitaron exponer algunos puntos de la fe más extensamente que se hacía en el Catecismo de Heidelberg y en la Confesión Belga. Esto ocurrió en el Sínodo de Dort, justamente famoso (Dort es la ciudad de Dordrecht, en la provincia actual de Holanda del Sur), donde no solamente teólogos holandeses, sino también de otros lugares del extranjero, se dedicaron a estudiar los temas que habían originado serias divergencias. Este Sínodo hizo un número de declaraciones explicando el sentir ortodoxo y, al mismo tiempo, refutando los errores que se habían originado. El tratado de los puntos de la fe se divide en 5 artículos o capítulos, estando unidos los artículos 3 y 4 a causa de su relación mutua. Estos artículos tratan de: la manera de la predestinación (condicional o incondicional); el tema de a quienes es útil para salvación la muerte de Cristo; de la depravación total del hombre caído; del carácter irresistible de la gracia de Dios y de la perseverancia de los santos.

Por las claras declaraciones del Sínodo de Dort, basadas en la Escritura Santa, se impidió que los errores pelagianos y semi-pelagianos fueran elevados a doctrina de la Iglesia, rompiendo, de esa forma, la unidad de la Reforma, que es la doctrina de la sola gracia soberana de Dios. Los adversarios del pensamiento bíblico y calvinista siempre han hablado muy acervamente de esta confesión y no dudaron en dibujar una caricatura del confesar reformado en cuanto a ésto. Sin embargo, nada menos cierto. El tratado de estos puntos de la fe no es, en ninguna manera, frío, duro o seco, sino pastoral, práctico y edificante. En el epílogo los pastores son amonestados a hablar siempre acerca de estas elevadas y grandiosas doctrinas de un modo prudente y humilde y, sobre todo, escritural.

SIMBOLO APOSTOLICO

Creo en Dios Padre todopoderoso,
Creador del cielo y de la tierra,
Creo en Jesucristo, su único Hijo, nuestro Señor;
que fue concebido por obra y gracia del Espíritu Santo,
nació de María Virgen;
padeció bajo el poder de Poncio Pilato,
fue crucificado, muerto y sepultado;
descendió a los infiernos,
al tercer día resucitó de entre los muertos;
subió a los cielos y está sentado a la Diestra de Dios Padre;
desde allí ha de venir a juzgar a los vivos y a los muertos.
Creo en el Espíritu Santo;
la Santa Iglesia católica,
la comunión de los santos;
el perdón de los pecados;
la resurrección de los muertos; y la vida eterna. Amén.

SIMBOLO DEL CONCILIO DE NICEA
(Símbolo Niceno - Constantinopolitano)

Creemos en un solo Dios,
Padre todopoderoso,
Creador del cielo y de la tierra,
de todo lo visible y lo invisible.
Creemos en un solo Señor, Jesucristo,
Hijo único de Dios,
nacido del Padre antes de todos los siglos:
Dios de Dios,
Luz de Luz,
Dios verdadero de Dios verdadero,
engendrado, no creado,
de la misma naturaleza que el Padre,
por quien todo fue hecho;
que por nosotros los hombres y por nuestra salvación bajó del cielo,
y por obra del Espíritu Santo se encarnó de María, Virgen,
y se hizo hombre;
y por nuestra causa fue crucificado en tiempos de Poncio Pilato:
padeció y fue sepultado,
y resucitó al tercer día, según las Escrituras,
y subió al cielo,
y está sentado a la derecha del Padre;
y de nuevo vendrá con gloria para juzgar a vivos y muertos,
y su reino no tendrá fin.
Creemos en el Espíritu Santo, Señor y dador de vida,
que procede del Padre y del Hijo,
que con el Padre y el Hijo recibe una misma adoración y gloria,
y que habló por los profetas.
Creemos en la Iglesia, que es una, santa, católica y apostólica.
Reconocemos un solo Bautismo para el perdón de los pecados.
Esperamos la resurrección de los muertos y la vida del mundo futuro.
Amén.

SIMBOLO DE ATANASIO

Todo el que quiera salvarse debe, ante todo, sostener la fe católica: quien no la guardare íntegra y pura perecerá, sin duda, para siempre. He aquí la fe católica: veneramos a un Dios en la Trinidad y a la Trinidad en la unidad; sin confundir las personas, sin dividir la sustancia: una es, en efecto, la persona del Padre, otra la del Hijo, otra la del Espíritu Santo; pero el Padre, el Hijo y el Espíritu Santo tienen una misma divinidad, una gloria igual y una misma eterna majestad. Cual es el Padre, tal es el Hijo, tal es el Espíritu Santo; increado es el Padre, increado el Hijo, increado el Espíritu Santo; inmenso es el Padre, inmenso el Hijo, inmenso el Espíritu Santo; eterno es el Padre, eterno es el Hijo, eterno es el Espíritu Santo, y, sin embargo, no son tres eternos, sino un solo eterno, ni tampoco tres increados, ni tres inmensos, sino un increado y un inmenso.
Igualmente omnipotente es el Padre, omnipotente el Hijo, omnipotente el Espíritu Santo y, sin embargo, no son tres omnipotentes, sino un solo omnipotente. Dios es el Padre, Dios es el Hijo, Dios el Espíritu Santo y, sin embargo, no son tres Dioses, sino un solo Dios. Así el Padre es Señor, el Hijo es Señor, el Espíritu Santo es Señor y, sin embargo, no son tres Señores, sino un solo Señor.
Porque así como la verdad cristiana nos obliga a confesar que cada una de las tres personas en particular es Dios y Señor, así la religión católica nos prohibe decir que hay tres dioses o tres señores.
El Padre por nadie ha sido hecho; no ha sido creado, ni engendrado; el Hijo proviene únicamente del Padre, no ha sido hecho, creado, sino engendrado; el Espíritu Santo proviene del Padre y del Hijo, no ha sido hecho, ni creado, ni engendrado, sino que procede. Hay, por consiguiente, un solo Padre, no tres Padres; un solo Hijo, no tres Hijos, un solo Espíritu Santo, no tres Espíritus Santos. Y en esta Trinidad nadie es antes o después, nadie es mayor o menor, sino que las tres personas son igualmente eternas y del mismo modo iguales; de

suerte que en todo, como ya se ha dicho antes, hay que venerar la unidad en la Trinidad y la Trinidad en la unidad. El que quiera, pues, ser salvo debe creer todo esto acerca de la Trinidad.

Pero es necesario para la eterna salvación creer fielmente, también, en la Encarnación de nuestro Señor Jesucristo. He aquí la fe ortodoxa: creer y confesar que nuestro Señor Jesucristo es el Hijo de Dios, Dios y hombre. Es Dios, de la sustancia del Padre, engendrado antes de los siglos; y es hombre, de la sustancia de su madre, nacido en el tiempo. Dios perfecto, hombre perfecto, de un alma y un cuerpo humano, igual al Padre según la divinidad, inferior al Padre según la humanidad. Aun cuando sea Dios y hombre, no hay, sin embargo, dos Cristos, sino un solo Cristo; uno, no porque la divinidad se haya convertido en carne, sino porque la humanidad ha sido asumida en Dios; uno absolutamente, no por una mezcla de sustancias, sino por la unidad de la persona. Porque, de la misma manera que el alma racional y el cuerpo hacen un hombre, así Dios y el hombre hacen un solo Cristo. El cual padeció por nuestra salvación, descendió a los infiernos, al tercer día resucitó de entre los muertos, subió a los cielos, está sentado a la diestra de Dios, Padre omnipotente, desde allí vendrá a juzgar a los vivos y a los muertos. A su venida todos los hombres resucitarán con sus cuerpos y darán cuenta de sus propios actos; y los que obraron bien irán a la vida eterna, los que obraron mal, al fuego eterno.

Esta es la fe católica: quien no la creyere fiel y firmemente, no podrá salvarse.

Catechismus

Oder

Christlicher Vnderricht/
wie der in Kirchen vnd Schulen der Churfürstlichen Pfaltz getrieben wirdt.

Gedruckt in der Churfürstlichen Stad Heydelberg/ durch Johannem Mayer.

1 5 6 3.

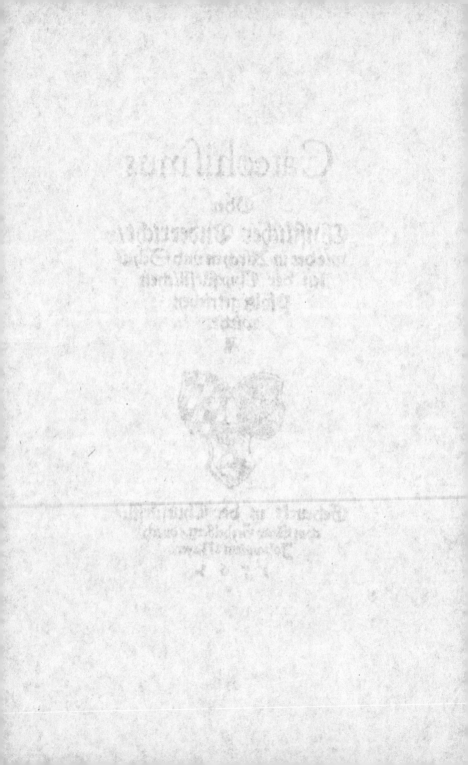

CATECISMO O ENSEÑANZA DE LA DOCTRINA CRISTIANA

(Catecismo de Heidelberg)

PRIMERA PARTE:
DE LA MISERIA DEL HOMBRE

Domingo 1

1. Pregunta. ¿Cuál es tu único consuelo tanto en la vida como en la muerte?

Respuesta. Que yo, con cuerpo y alma, tanto en la vida como en la muerte[a], no me pertenezco a mí mismo[b], sino a mi fiel Salvador Jesucristo[c], que me libró del poder del diablo[d], satisfaciendo enteramente con su preciosa sangre por todos mis pecados[e], y me guarda de tal manera[f] que sin la voluntad de mi Padre celestial ni un solo cabello de mi cabeza puede caer[g] antes es necesario que todas las cosas sirvan para mi salvación[h].
Por eso también me asegura, por su Espíritu Santo, la vida eterna[i] y me hace pronto y aparejado para vivir en adelante según su santa voluntad[j].

a. Rom. 14:8.— b. 1 Cor. 6:19.— c. 1 Cor. 3:23; Tito 2:14.— d. Hebr. 2:14; 1 Juan 3:8; Juan 8:34, 35, 36.— e. 1 Pedro 1:18, 19; 1 Juan 1:7; 1 Juan 2:2, 12.— f. Juan 6:39; Juan 10:28; 2 Tes. 3:3; 1 Pedro 1:5.— g. Mateo 10:30; Luc. 21:18.— h. Rom. 8:28.—
i. 2 Cor. 1:22; 2 Cor. 5:5; Efes. 1:14; Rom. 8:16.— j. Rom. 8:14; 1 Juan 3:3.—

2. Preg. ¿Cuántas cosas debes saber para que, gozando de esta consolación, puedas vivir y morir dichosamente?

Resp. Tres:[a] La primera, cuán grandes son mis pecados y miserias[b]. La segunda, de qué manera puedo ser librado de ellos[c]. Y la tercera, la gratitud que debo a Dios por su redención[d].

a. Mateo 11: 28-30. Efes. 5:8.— b. Juan 9:41; Mateo 9:12; Rom. 3:10; 1 Juan 1:9, 10.— c. Juan 17:3; Hechos 4:12; Hechos 10:43.— d. Efes. 5:10; Salmo 50:14; Mateo 5:16; 1 Pedro 2:12; Rom. 6:13; 2 Tim. 2:15.

27

Domingo 2

3. Preg. ¿Cómo conoces tu miseria?

Resp. Por la Ley de Dios[a].

a. Rom. 3:20.

4. Preg. ¿Qué pide la Ley de Dios de nosotros?

Resp. Cristo nos lo enseña sumariamente en Mateo cap. 22: 37-40: *Amarás al Señor tu Dios con todo tu corazón y con toda tu alma y con toda tu mente y con todas tus fuerzas. Este es el primero y grande mandamiento. Y el segundo es semejante: Amarás a tu prójimo como a ti mismo. De estos dos mandamientos depende toda la Ley y los Profetas*[a].

a. Deut. 6:5; Lev. 19:18; Marc. 12:30; Luc. 10:27.

5. Preg. ¿Puedes cumplir todo esto perfectamente?

Resp. No[a]; porque por naturaleza estoy inclinado a aborrecer a Dios y a mi prójimo[b].

a. Rom. 3:10, 20, 23; 1 Juan 1:8, 10.— b. Rom. 8:7; Efes. 2:3; Tito 3:3; Gén. 6:5; Gén. 8:21; Jer. 17:9; Rom. 7:23.

Domingo 3

6. Preg. ¿Creó, pues, Dios al hombre tan malo y perverso?

Resp. No, al contrario. Dios creó al hombre bueno[a] haciéndolo a su imagen y semejanza[b], es decir, en verdadera justicia y santidad, para que rectamente conociera a Dios su Creador, le amase de todo corazón, y bienaventurado viviese con El eternamente, para alabarle y glorificarle[c].

a. Gén. 1:31.— b. Gén. 1:26, 27.— c. Efes. 4:24; Col. 3:10; 2 Cor. 3:18.

28

7. Preg. ¿De dónde procede esta corrupción de la naturaleza humana?

Resp. De la caída y desobediencia de nuestros primeros padres Adán y Eva en el paraíso[a], por ello, nuestra naturaleza ha quedado de tal manera corrompida, que todos somos concebidos y nacidos en pecado[b].

a. Gén. 3; Rom. 5:12, 18, 19.— b. Salmo 51:5; Gén. 5:3.

8. Preg. ¿Estamos tan corrompidos que somos totalmente incapaces de hacer el bien e inclinados a todo mal?

Resp. Ciertamente[a]; si no hemos sido regenerados por el Espíritu de Dios[b].

a. Gén. 8:21; Gén. 6:5; Job. 14:4; Job. 15:14; Job. 16:35; Juan 3:6; Isaías 53:6.—b. Juan 3:3, 5; 1 Cor. 12:3; 2 Cor. 3:5.

Domingo 4

9. Preg. ¿No es Dios injusto con el hombre, al pedirle en su Ley que haga lo que no puede cumplir?

Resp. No[a], Dios creó al hombre en condiciones de poderla cumplir[b]; pero el hombre por instigación del diablo[c] y su propia rebeldía, se privó a sí y a toda su descendencia de estos dones divinos.

a. Efes. 4:24.— b. Gén. 3:13; 1 Tim. 2:13, 14.— c. Gén. 3:6; Rom. 5:12.

10. Preg. ¿Dejará Dios sin castigo tal desobediencia y apostasía?

Resp. De ninguna manera; antes su ira se engrandece horriblemente[a], tanto por el pecado original como por aquellos que cometemos ahora, y quiere castigarlos, por su perfecta justicia, temporal o eternamente[b]. Según ha dicho El mismo: *Maldito todo aquel que no permaneciere en todas las cosas escritas en el libro de la Ley, para hacerlas*[c].

a. Gén. 2:17; Rom. 5:12.— b. Salmo 50:21; Salmo 5:5; Nah. 1:2; Éx. 20:5; Éx. 34:7; Rom.1:18; Efes. 5:6.—c. Deut. 27:26; Gál. 3:10.

11. Preg. ¿No es Dios también misericordioso?

Resp. Dios es misericordioso[a]; pero también es justo[b]. Por tanto su justicia exige que el pecado que se ha cometido contra su suprema majestad, sea también castigado con el mayor castigo, que es pena eterna, así en el cuerpo como en el alma.

a. Éx. 34:6, 7; Éx. 20:6.— b. Salmo 7:9; Éx. 20:5; Éx. 23:7; Éx. 34:7; Salmo 5:4, 5; Nah.1:2, 3.

SEGUNDA PARTE:
DE LA REDENCION DEL HOMBRE

Domingo 5

12. **Preg.** Si por el justo juicio de Dios merecemos penas temporales y eternas, ¿no hay ninguna posibilidad de librarnos de estas penas y reconciliarnos con Dios?

Resp. Dios quiere que se dé satisfacción a su justicia[a]: por eso es necesario que la satisfagamos enteramente por nosotros mismos o por algún otro[b].

a. Gén. 2:17; Éx. 23:7; Ezeq. 18:4; Mateo 5:26; 2 Tes. 1:6; Luc.16:2.— b. Rom. 8:4.

13. **Preg.** ¿Pero podemos satisfacerla por nosotros mismos?

Resp. De ninguna manera: antes acrecentamos cada día nuestra deuda[a].

a. Job 9:2; Job 15:15,16; Job 4:18, 19; Salmo 130:3; Mateo 6:12; Mateo 18:25; Mateo 16:26.

14. **Preg.** ¿Podría hallarse alguien que siendo simple criatura pagase por nosotros?

Resp. No, primero porque Dios no quiere castigar, en otra criatura, la culpa de la cual el hombre es responsable[a]. Segundo, porque una simple criatura es incapaz de soportar la ira eterna de Dios contra el pecado y librar a otros de ella[b].

a. Ezeq. 18:4; Gén. 3:17.— b. Nah. 1:6; Salmo 130:3.

15. **Preg.** Entonces, ¿qué Mediador y Redentor debemos buscar?

Resp. Uno que sea verdadero hombre[a] y perfectamente justo[b], y que además sea más poderoso que todas las criaturas, es decir, que sea al mismo tiempo verdadero Dios[c].

a. 1 Cor. 15:21.— b. Hebr. 7:26.— c. Isaías 7:14; Isaías 9:5; Jer. 23:6; Luc. 11:22.

31

Domingo 6

16. Preg. ¿Por qué debe ser verdadero hombre y perfectamente justo?

Resp. Porque la justicia de Dios exige que la misma naturaleza humana que pecó, pague por el pecado[a]; y el hombre que es pecador, no puede pagar por otros[b].

a. Ezeq. 18:4, 20; Rom. 5:18; 1 Cor. 15:21; Hebr. 2:14, 15, 16.— b. Hebr. 7:26, 27; Salmo 49:7; 1 Pedro 3:18.

17. Preg. ¿Por qué debe ser también verdadero Dios?

Resp. Para que, por la potencia de su Divinidad[a], pueda llevar en su humanidad[b] la carga de la ira de Dios[c], y reparar y restituir en nosotros la justicia y la vida[d].

a. Isaías 9:5; Isaías 63:3.— b. Isaías 53:4, 11.— c. Deut. 4:24; Nah. 1:6; Salmo 130:3.— d. Isaías 53:5, 11.

18. Preg. Mas ¿quién es este Mediador, que al mismo tiempo es verdadero Dios[a] y verdadero[b] hombre perfectamente justo[c]?

Resp. Nuestro Señor Jesucristo[d], el cual nos ha sido hecho por Dios Sabiduría, Justicia, Santificación y perfecta Redención[e].

a. 1 Juan 5:20; Rom. 9:5; Rom. 8:3; Gál. 4:4; Isaías 9:6; Jer.23:6; Mal. 3:1.— b. Luc. 1:42; Luc. 2:6, 7; Rom. 1:3; Rom. 9:5; Filip. 2:7; Hebr.2:14, 16, 17; Hebr. 4:15.— c. Isaías 53:9, 11; Jer. 23:5; Luc. 1:35; Juan 8:46; Hebr. 4:15; Hebr. 7:26; 1 Pedro 1:19; 1 Pedro 2:22; 1 Pedro 3:18.— d. 1 Tim. 2:5; Mateo 1:23; 1 Tim. 3:16; Luc. 2:11; Hebr. 2:9.— e. 1 Cor. 1:30.

19. Preg. ¿De dónde sabes esto?

Resp. Del Santo Evangelio, el cual Dios reveló primeramente en el paraíso[a], y después lo anunció por los santos patriarcas[b] y profetas[c], y lo hizo representar por los sacrificios y las demás ceremonias de la Ley[d]: y al fin lo cumplió por su Hijo unigénito [e].

a. Gén. 3:15.— b. Gén. 22:18; Gén. 12:3; Gén. 49:10.— c. Isaías 53; Isaías 42:1-4; Isaías 43:25; Isaías 49:5-6, 22-23; Jer. 23: 5, 6, 31-33; Jer. 32:39-41; Miq. 7:18-20; Hechos 10:43; Hechos 3:22-24; Rom. 1:2; Hebr. 1:1.— d. Hebr. 10:1, 8; Col. 2:7; Juan 5:46.— e. Rom. 10:14; Gál. 4:4; Gál. 3:24; Col. 2:17.

20. Preg. ¿Son salvados por Cristo todos los hombres que perecieron en Adán?

Resp. No todos[a], sino sólo aquellos que por la verdadera fe son incorporados en El y aceptan sus beneficios[b].

a. Mateo 7:14; Mateo 22:14.— b. Marc. 16:16; Juan 1:12; Juan 3:16, 18, 36; Isaías 53:11; Salmo 2:11; Rom. 11:20; Rom. 3:22; Hebr. 4:3; Hebr. 5:9; Hebr. 10:39; Hebr. 11:6.

21. Preg. ¿Qué es verdadera fe?

Resp. No es solo un seguro conocimiento por el cual considero cierto todo lo que el Señor nos ha revelado en su palabra[a], sino también una verdadera confianza[b] que el Espíritu Santo [c] infunde en mi corazón, por el Evangelio[d], dándome la seguridad, de que no solo a otros sino también a mí mismo Dios otorga la remisión de pecados, la justicia y la vida eterna[e], y eso de pura gracia y solamente por los méritos de Jesucristo[f].

a. Santg. 2:19.— b. Hebr. 11:1, 7; Rom. 4:18, 21; Rom. 10:10; Efes. 3:12; Hebr.4:16; Santg. 1:6.— c. Gál. 5:22; Mateo 16:17; 2 Cor. 4:13; Juan 6:29; Efes. 2:8; Filip. 1:19; Hechos 16:14.— d. Rom. 1:16; Rom. 10:17; 1 Cor. 1:21; Hechos 10:44; Hechos 16:14.— e. Rom. 1:7; Gál. 3:11; Hebr. 10:10, 38; Gál. 2:16.— f. Efes. 2:8; Rom. 3:24; Rom. 5:19; Luc. 1:77, 78.

22. Preg. ¿Qué es lo que debe creer el cristiano?

Resp. Todo lo que se nos ha prometido en el Santo Evangelio [a], sumariamente contenido en el Símbolo Apostólico, en cuyos artículos se expresa la fe universal e infalible de todos los cristianos.

a. Juan 20:31; Mateo 28:19; Marc. 1:15.

23. Preg. ¿Qué dicen estos artículos?

Resp. Creo en Dios Padre, todopoderoso, Creador del cielo y de la tierra. Creo en Jesucristo, su único Hijo, nuestro Señor; que fué concebido por el Espíritu Santo, nació de María virgen; padeció bajc e! poder de Poncio Pilato, fué crucificado, muerto y sepultado; descendió a los infiernos, y al tercer día resucitó de entre los muertos; subió a los cielos; está sentado a la Diestra de Dios, Padre todopoderoso, de donde vendrá a juzgar a los vivos y a los muertos. Creo en el Espíritu Santo; una santa Iglesia cristiana católica[1], la comunión de los santos; la remisión de los pecados, la resurrección del cuerpo y la vida eterna. Amén.

1 Católica tiene el significado de universal: en todos los lugares y tiempos.

Domingo 8

24. Preg. ¿En cuántas partes se dividen estos artículos?

Resp. En tres: La primera: De Dios Padre y de nuestra creación. La segunda: De Dios Hijo y de nuestra redención. La tercera: De Dios Espíritu Santo y nuestra santificación.

25. Preg. Si no hay más que una Esencia Divina[a], ¿Por qué nombras tres: Padre, Hijo y Espíritu Santo?

Resp. Porque Dios se manifestó así en su palabra[b], de manera que estas tres personas son el único, verdadero y eterno Dios.

a. Deut. 6:4; Efes. 4:6; Isaías 44:6; Isaías 45:5; 1 Cor. 8·4, 6— b. Isaías 61:1; Luc. 4:18; Gén. 1:2, 3; Salmo 33:6; Isaías 48:16; Mateo 3:16, 17; Mateo 28:19; 1 Juan 5:7; Isaías 6:1, 3; Juan 14:26; Juan 15:26; 2 Cor. 13:13; Gál. 4:6; Efes. 2:18; Tito 3:5, 6.

DE DIOS PADRE Y DE NUESTRA CREACION

Domingo 9

26. Preg. ¿Qué crees cuando dices: Creo en Dios Padre, todopodero-so, Creador del cielo y de la tierra?

Resp. Creo en el Padre de nuestro Señor Jesucristo, quien de la nada creó el cielo y la tierra con todo lo que en ellos hay[a], sustentándolo y gobernándolo todo por su eterno consejo y providencia[b], es mi Dios y mi Padre por amor de su Hijo Jesucristo[c]. En El confío de tal manera que no dudo de que me proveerá de todo lo necesario para mi alma y mi cuerpo[d]. Y aún más, creo que todos los males que puedo sufrir, por su voluntad, en este valle de lágrimas, los convertirá en bien para mi salvación[e]. El puede hacerlo como Dios todopoderoso[f], y quiere hacerlo como Padre benigno y fiel[g].

a. Gén. 1 y 2; Éx. 20:11; Job 33:4; Job 38 y 39; Hechos 4:24; Hechos 14:15; Salmo 33:6; Isaías 45:7.— b. Hebr. 1:3; Salmo 104:27-30;Salmo 115:3; Mateo 10:29; Efes. 1:11.— c. Juan 1:12; Rom 8:15; Gál. 4:5-7; Efes. 1:5.— d. Salmo 55:22; Mateo 6:25, 26; Luc. 12:22.— e. Rom. 8:28.— f. Isaías 46:4; Rom. 10:22.— g. Mateo 6:32, 33; Mateo 7:9-11.

Domingo 10

27. Preg. ¿Qué es la providencia de Dios?.

Resp. Es el poder de Dios, omnipotente y presente en todo lugar[a], por el cual sustenta y gobierna el cielo, la tierra y todas las criaturas de tal manera[b], que todo lo que la tierra produce, la lluvia y la sequía[c], la fertilidad y la esterilidad, la comida y la bebida, la salud y la enfer-medad[d], las riquezas y la pobreza[e] y finalmente todas las cosas no acontecen sin razón alguna como por azar, sino por su consejo y voluntad paternal[f].

a. Hechos 17:25, 27, 28; Jer. 23:23, 24; Isaías 29:15, 16; Ezeq. 8:12.— b. Hebr. 1:3.— c. Jer. 5:24; Hechos 14:17.— d. Juan 9:3.— e. Prov. 22:2.— f. Mateo 10:29; Prov. 16:33.

28. Preg. ¿Qué utilidad tiene para nosotros este conocimiento de la creación y providencia divina?.

Resp. Que en toda adversidad tengamos paciencia[a], y en la prosperidad seamos agradecidos[b] y tengamos puesta en el futuro toda nuestra esperanza en Dios nuestro Padre fidelísimo[c], sabiendo con certeza que no hay cosa que nos pueda apartar de su amor[d], pues todas las criaturas están sujetas a su poder de tal manera que no pueden hacer nada sin su voluntad[e].

a. Rom. 5:3; Santg. 1:3; Salmo 39:9; Job 1:21, 22.— b. 1 Tes. 5:18; Deut 8:10.— c. Salmo 55:22; Rom. 5:4.— d. Rom. 8:38, 39.— e. Job 1:12; Job 2:6; Prov. 21:1; Hechos 17:25.

DE DIOS HIJO Y DE NUESTRA REDENCION

Domingo 11

29. Preg. ¿Por qué el Hijo de Dios es llamado Jesús, que significa Salvador?

Resp. Porque nos salva y libra de todos nuestros pecados[a], y porque en ningún otro se debe buscar ni se puede hallar salvación[b].

a. Mateo 1:21; Hebr. 7:25.— b. Hechos 4:12; Juan 15:4, 5; 1 Tim 2:5; Isaías 43:11; 1 Juan 5:11.

30. Preg. ¿Creen pues también en el único Salvador Jesús aquellos que buscan su salvación en los santos, o en sí mismos o en cualquiera otra parte?

Resp. No; porque aunque de boca se gloríen de tenerle por Salvador, de hecho niegan al único Salvador Jesús[a]: pues necesariamente resulta, o que Jesús no es perfecto Salvador o que aquellos que con verdadera fe le reciben por Salvador tienen que poseer en El todo lo necesario para su salvación[b].

a. 1 Cor. 1:13, 30, 31; Gál. 5:4.— b. Hebr. 12:2; Isaías 9:6; Col. 1:19, 20; Col. 2:10; 1 Juan 1:7.

Domingo 12

31. Preg. ¿Por qué se le llama Cristo, es decir: Ungido?

Resp. Porque fué ordenado del Padre y ungido del Espíritu Santo[a] para ser nuestro supremo Profeta y Maestro[b], que nos ha revelado plenamente el secreto consejo y voluntad de Dios acerca de nuestra redención[c], para ser nuestro único y supremo Pontífice[d] quien por el sólo sacrificio de su cuerpo nos ha redimido[e] e intercede continuamente delante del Padre por nosotros[f] y para ser nuestro eterno Rey que nos gobierna por su Palabra y su Espíritu, y nos guarda y conserva la redención que nos ha adquirido[g].

a. Salmo 45:7; Hebr. 1:9; Isaías 61:1; Luc. 4:18.— b. Deut. 19:15; Hechos 3:22; Hechos 7:37; Isaías 55:4.— c. Juan 1:18; Juan 15:15.— d. Salmo 110:4.— e. Hebr. 10:12, 14; Hebr. 9:12, 14, 28.— f. Rom. 8:34; Hebr. 9:24; 1 Juan 2:1; Rom. 5:9, 10.— g. Salmo 2:6; Zac. 9:9; Mateo 21:5; Luc. 1:33; Mateo 28:18; Juan 10:28; Apoc. 12:10, 11.

32. Preg. Pues, ¿por qué te llaman cristiano?[a]

Resp. Porque por la fe soy miembro[b] de Jesucristo y participante de su unción[c], para que confiese su nombre[d] y me ofrezca a El en sacrificio vivo y agradable[e], y que en esta vida luche contra el pecado y Satanás con una conciencia libre y buena[f] y que, después de esta vida, reine con Cristo eternamente sobre todas las criaturas [g].

a. Hechos 11:26.— b. 1 Cor. 6:15.— c. 1 Juan 2:27; Hechos 2:17.— d. Mateo 10:32; Rom. 10:10.— e. Rom. 12:1; 1 Pedro 2:6, 9; Apoc. 1:6; Apoc. 5:8, 10.— f. 1 Pedro 2:11; Rom. 6:12, 13; Gál. 5:16, 17; Efes. 6:11; 1 Tim.1:18, 19.— g. 2 Tim. 2:12; Mateo 25:34.

Domingo 13

33. Preg. ¿Por qué se llama a Cristo el Unigénito Hijo de Dios, si nosotros también somos hijos de Dios?

Resp. Porque Cristo es Hijo Eterno y natural de Dios[a]; pero nosotros hemos sido adoptados por gracia como hijos de Dios por amor de El[b].

a. Juan 1:14; Hebr. 1:1, 2; Juan 3:16; 1 Juan 4:9; Rom. 8:32.— b. Rom. 8:16; Juan 1:12; Gál. 4:6; Efes. 1:5, 6.

34. Preg. ¿Por qué le llamamos nuestro Señor?

Resp. Porque rescatando nuestros cuerpos y almas de los pecados, no con oro o plata sino con su preciosa sangre, y librándonos del poder del diablo, nos ha hecho suyos[a].

a. 1 Pedro 1:18, 19; 1 Pedro 2:9; 1 Cor. 6:20; 1 Tim. 2:6; Juan 20:28.

Domingo 14

35. Preg. ¿Qué crees cuando dices: que fué concebido por el Espíritu Santo y nació de María virgen?

Resp. Que el eterno Hijo de Dios, el cual es[a] y permanece[b] verdadero y eterno Dios, tomó la naturaleza verdaderamente humana de la carne y sangre de la virgen María[c], por obra del Espíritu Santo[d], para que juntamente fuese la verdadera simiente de David[e], semejante a sus hermanos[f] excepto en el pecado[g].

a. 1 Juan 5:20; Juan 1:1; Juan 17:3; Rom. 1:3; Col. 1:15.— b. Rom. 9:5.— c. Gál. 4:4; Luc. 1:31, 42, 43.— d. Mateo 1:20; Luc. 1:35.— e. Rom. 1:3; Salmo 132:11; 2 Sam. 7:12; Luc. 1:32; Hechos 2:30.— f. Filip. 2:7; Hebr. 2:14, 17.— g. Hebr. 4:15.

36. Preg. ¿Qué fruto sacas de la santa concepción y nacimiento de Cristo?

Resp. Que es nuestro Mediador[a], y con su inocencia y perfecta santidad cubre mis pecados en los cuales he sido concebido y nacido, para que no aparezcan en la presencia de Dios[b].

a. Hebr. 7:26, 27.— b. 1 Pedro 1:18, 19; 1 Pedro 3:18; 1 Cor. 1:30, 31; Rom. 8:3, 4; Isaías 53:11; Salmo 32:1.

Domingo 15

37. Preg. ¿Qué es lo que crees cuando dices: padeció?

Resp. Que todo el tiempo que en este mundo vivió y especialmente al fin de su vida, sostenía en el cuerpo y en el alma la ira de Dios contra el pecado de todo el género humano[a], para que con su pasión, como único sacrificio propiciatorio[b], librara nuestro cuerpo y alma de la eterna condenación[c], y nos alcanzase la gracia de Dios, la justicia y la vida eterna[d].

a. Isaías 53:4; 1 Pedro 2:24; 1 Pedro 3:18; 1 Tim. 2:6.— b. Isaías 53:10; Efes. 5:2; 1 Cor 5:7; 1 Juan 2:2; Rom. 3:25; Hebr. 9:28; Hebr. 10:14.— c. Gál. 3:13; Col. 1:13; Hebr. 9:12; 1 Pedro 1:18, 19.— d. Rom. 3:25; 2 Cor. 5:21; Juan 2:16; Juan 6:51; Hebr. 9:15; Hebr. 10:19.

38. Preg. ¿Por qué padeció bajo el poder de Poncio Pilato juez?

Resp. Para que, inocente, condenado por el juez político [a], nos librase del severo juicio de Dios, que había de venir sobre nosotros[b].

a. Juan 18:38; Mateo 27:24; Luc. 23:14, 15; Juan 19:4.— b. Salmo 69:4; Isaías 53: 4, 5; 2 Cor. 5:21; Gál. 3:13.

39. Preg. ¿Es más importante el haber sido crucificado, que morir de otro modo?

Resp. Sí, porque este género de muerte me garantiza que él cargó sobre sí mismo la maldición sentenciada contra mí[a], por cuanto la muerte de cruz era maldita de Dios[b].

a. Gál. 3:13.— b. Deut. 21:23.

Domingo 16

40. Preg. ¿Por qué fué necesario que Cristo se humillase hasta la muerte?

Resp. Porque la justicia de Dios[a] no se podía satisfacer por nuestros pecados, sino con la misma muerte del Hijo de Dios[b].

a. Gén. 2:17.— b. Rom. 8:3, 4; Hebr. 2:14, 15.

41. Preg. ¿Por qué fué también sepultado?

Resp. Para testificar que estaba verdaderamente muerto[a].

a. Hechos 13:29; Mateo 27:59, 60; Luc. 23:53; Juan 19:38.

42. Preg. Ya que Cristo murió por nosotros ¿Por qué hemos de morir también nosotros?

Resp. Nuestra muerte no es una satisfacción por nuestros pecados[a], sino una liberación del pecado y un paso hacia la vida eterna[b].

a. Marc. 8:37; Salmo 49:7.— b. Filip. 1:23; Juan 5:24; Rom. 7:24.

43. Preg. ¿Qué provecho recibimos además, del sacrificio y muerte de Cristo en la cruz?

Resp. Por su poder nuestro viejo hombre está crucificado, muerto y sepultado juntamente con El[a], para que, en adelante, no reinen más en nosotros las perversas concupiscencias y deseos de la carne[b], sino que nos ofrezcamos a El en sacrificio agradable[c].

a. Rom. 6:6.— b. Rom. 6:6, 12.— c. Rom. 12:1.

44. Preg. ¿Por qué se añade: descendió a los infiernos?

Resp. Para que en mis extremados dolores y grandísimas tentaciones me asegure y me sostenga con este consuelo, de que mi Señor Jesucristo, por medio de las inexplicables angustias, tormentos, espantos y turbaciones infernales de su alma, en los cuales fué sumido en toda su pasión[a], pero especialmente clavado en la cruz, me ha librado de las ansias y tormentos del infierno[b].

a. Salmo 18:4, 5; Salmo 116:3; Mateo 26:38; Mateo 27:46; Hebr. 5:7.— b. Isaías 53:5.

Domingo 17

45. Preg. ¿Qué nos aprovecha la resurrección de Cristo?

Resp. Primero: Por su resurrección ha vencido a la muerte, para hacernos participantes de aquella justicia que conquistó por su muerte[a]. Segundo: También nosotros somos resucitados ahora por su poder a una nueva vida[b]. Tercero: la resurrección de Cristo, cabeza nuestra, es una cierta prenda de nuestra gloriosa resurrección[c].

a. Rom. 4:25; 1 Pedro 1:3; 1 Cor. 15:16.— b. Rom. 6:4; Col. 3:1; Efes. 2:5, 6.— c. 1 Cor. 15:20, 21.

Domingo 18

46. Preg. ¿Qué entiendes por: subió a los cielos?

Resp. Que Cristo, a la vista de sus discípulos, fué elevado de la tierra al cielo[a], y que está allí para nuestro bien [b], hasta que vuelva a juzgar a los vivos y a los muertos[c].

a. Hechos 1:9; Marc. 16:19; Luc. 24:51.— b. Hebr. 9:24; Hebr. 4:14; Rom. 8:34; Col. 3:1.— c. Hechos 1:11; Mateo 24:30.

47. Preg. Luego ¿no está Cristo con nosotros hasta el fin del mundo como lo ha prometido?[a]

Resp. Cristo es verdadero Dios y verdadero hombre: en cuanto a la naturaleza humana ahora ya no está en la tierra[b]; pero en cuanto a su deidad, majestad, gracia y espíritu en ningún momento está ausente de nosotros[c].

a. Mateo 28:20.— b. Hebr. 8:4; Mateo 26:11; Juan 16:28; Juan 17:11; Hechos 3:21.— c. Juan 4:18; Mateo 28:20.

48. Preg. Pero si la naturaleza humana no está en todas partes donde está la divina ¿no se separan con esto las dos naturalezas en Cristo?

Resp. De ninguna manera: porque dado que la divinidad es incomprensible y está presente en todo lugar[a], resulta necesariamente que en efecto está fuera de la naturaleza humana que ha tomado[b], pero con todo y con eso está en ella y queda unida a ella personalmente.

a. Jer. 23:24; Hechos 7:49.— b. Col. 2:9; Juan 3:13; Juan 11:15; Mateo 28:6.

49. Preg. ¿Qué beneficios nos dá la ascensión de Cristo al cielo?

Resp. Primero: El es nuestro intercesor en el cielo delante del Padre [a].
Segundo: Que tenemos nuestra carne en el cielo para que por ello, como una garantía, estemos seguros, de que él siendo nuestra cabeza, nos atraerá a sí como miembros suyos[b].
Tercero: Que desde allí nos envía su Espíritu como prenda recíproca[c], por cuya virtud buscamos, no las cosas de la tierra sino las de arriba, donde está Cristo sentado a la diestra de Dios[d].

a. 1 Juan 2:1; Rom. 8:34.— b. Juan 14:2; Juan 17:24; Juan 20:17; Efes. 2:6.— c. Juan 14:16; Juan 16:7; Hechos 2:33; 2 Cor. 1:22; 2 Cor. 5:5.— d. Col. 3:1.

Domingo 19

50. Preg. ¿Por qué se añade: está sentado a la Diestra de Dios, Padre todopoderoso?

Resp. Porque Cristo subió al cielo para mostrarse allí como cabeza de su Iglesia[a], por quién el Padre gobierna todas las cosas[b].

a. Efes. 1:20; Col. 1:18.— b. Mateo 28:18; Juan 5:22.

51. Preg. ¿De qué nos sirve esta gloria de Cristo, nuestra cabeza?

Resp. Primero: Para que el Espíritu Santo derrame en nosotros, sus miembros, los dones celestiales[a]. Y segundo: para protegernos y ampararnos de todos nuestros enemigos[b].

a. Hechos 2:33; Efes. 4:8.— b. Salmo 2:9; Salmo 110:1, 2; Juan 10:28; Efes. 4:8.

52. Preg. ¿Qué consuelo te ofrece la vuelta de Cristo para juzgar a los vivos y a los muertos?

Resp. Que en todas las miserias y persecuciones, con plena confianza, espero del cielo, como Juez, a Aquel mismo que primeramente se puso delante del juicio de Dios por mí y alejó de mí toda maldición[a]; el cual echará a todos los enemigos suyos y míos en las penas eternas[b]; y a mí, con todos los elegidos, me conducirá al gozo del cielo y a la gloria eterna[c].

a. Filip. 3:20; Luc. 21:28; Rom. 8:23; Tito 2:13; 1 Tes. 4:16.— b. Mateo 25:41; 2 Tes. 1:6.— c. Mateo 25:34; 2 Tes. 1:7.

DE DIOS ESPIRITU SANTO Y DE NUESTRA SANTIFICACION

Domingo 20

53. Preg. ¿Qué crees del Espíritu Santo?

Resp. Que con el Eterno Padre e Hijo es verdadero y eterno Dios[a]. Y que viene a morar en mí[b] para que, por la verdadera fe, me haga participante de Cristo y de todos sus beneficios[c], me consuele[d] y quede conmigo eternamente[e].

a. 1 Juan 5:7; Gén. 1:2; Isaías 48:16; 1 Cor. 3:16; 1 Cor. 6:19; Hechos 5:3, 4.— b. Gál. 4:6; Mateo 28:19, 20; 2 Cor. 1:22; Efes. 1:13.— c. Gál. 3:14; 1 Pedro 1:2; 1 Cor. 6:17.— d. Juan 15:26; Hechos 9:31.— e. Juan 14:16; 1 Pedro 4:14.

Domingo 21

54. Preg. ¿Qué crees de la santa Iglesia cristiana católica?

Resp. Que el Hijo de Dios[a], desde el principio hasta el fin del mundo[b], de todo el género humano[c], congrega, guarda y protege para sí[d], por su Espíritu y su Palabra[e] en la unidad de la verdadera fe[f], una comunidad, elegida para la vida eterna[g]; de la cual yo soy un miembro vivo[h] y permaneceré para siempre[i].

a. Efes. 5:26; Juan 10:11; Hechos 20:28; Efes. 4:11-13.— b. Salmo 71:17, 18; Isaías 59:21; 1 Cor. 11:26.— c. Gén. 26:4; Apoc. 5:9.— d. Mateo 16:18; Juan 10:28-30; Salmo 129:1-5.— e. Isaías 59:21; Rom. 1:16; Rom. 10:14-17; Efes. 5:26.— f. Hechos 2:42; Efes. 4:3-5.— g. Rom. 8:29; Efes. 1:10-13.— h. 1 Juan 3:14, 19, 20, 21; 2 Cor. 13:5; Rom. 8:10.— i. Salmo 23:6; 1 Cor. 1:8, 9; Juan 10:28; 1 Juan 2:19; 1 Pedro 1:5.

55. Preg. ¿Qué entiendes por la comunión de los santos?

Resp. Primero, que todos los fieles en general y cada uno en particular, como miembros del Señor Jesucristo, tienen la comunión de El y de todos sus bienes y dones[a]. Segundo, que cada uno debe sentirse obligado a emplear con amor y gozo los dones que ha recibido, utilizándolos en beneficio de los demás[b].

a. 1 Juan 1:3; Rom. 8:32; 1 Cor. 12:12, 13; 1 Cor. 6:17.— b. 1 Cor. 12:21; 1 Cor. 13:1, 5; Filip. 2:4-8.

56. Preg. ¿Qué crees de la remisión de los pecados?

Resp. Creo que Dios, por la satisfacción de Cristo, no quiere acordarse jamás de mis pecados, ni de mi naturaleza corrompida, con la cual debo luchar toda la vida[a], sino que gratuitamente me otorga la justicia de Cristo[b] para que yo nunca venga a condenación[c].

a. 1 Juan 2:2; 1 Juan 1:7; 2 Cor. 5:19.— b. Rom. 7:23-25; Jer. 31:34; Miq. 7:19; Salmo 130:3, 10, 12.— c. Juan 3:18; Juan 5:24.

Domingo 22

57. Preg. ¿Qué consuelo te da la resurrección de la carne?

Resp. Que no sólo mi alma despues de esta vida será llevada[a] en el mismo instante a Cristo, su cabeza, sino que también esta mi carne, siendo resucitada por la potencia de Cristo, será de nuevo unida a mi alma y hecha conforme al glorioso cuerpo de Cristo[b].

a. Luc. 16:22; Luc. 23:43; Filip. 1:21, 23.— b. Job. 19:25, 26; 1 Juan 3:2; Filip. 3:21.

58. Preg. ¿Qué consolación te ofrece el artículo de la vida eterna?

Resp. Que si ahora siento en mi corazón un principio de la vida eterna[a], después de esta vida gozaré de una cumplida y perfecta bienaventuranza que ningún ojo vió ni oído oyó, ni entendimiento humano comprendió, y esto para que por ella alabe a Dios para siempre[b].

a. 2 Cor. 5:2, 3.— b. 1 Cor. 2:9.

DE LA JUSTIFICACION

Domingo 23

59. Preg. ¿Qué te aprovecha el creer todas estas cosas?

Resp. Que delante de Dios soy justo en Jesucristo, y heredero de la vida eterna[a].

a. Hab. 2:4; Rom. 1:17; Juan 3:36.

60. Preg. ¿Comó eres justo ante Dios?

Resp. Por la sola verdadera fe en Jesucristo[a], de tal suerte que, aunque mi conciencia me acuse de haber pecado gravemente contra todos los mandamientos de Dios, no habiendo guardado jamás ninguno de ellos[b], y estando siempre inclinado a todo mal[c], sin merecimiento alguno mío[d], sólo por su gracia[e], Dios me imputa y da[f] la perfecta satisfacción[g], justicia y santidad de Cristo[h] como sí no hubiera yo tenido, ni cometido algún pecado, antes bien como si yo mismo hubiera cumplido aquella obediencia que Cristo cumplió por mí[i], con tal que yo abrace estas gracias y beneficios con verdadera fe[j].

a. Rom. 3:21, 22, 24; Rom. 5:1, 2; Gál. 2:16; Efes. 2:8, 9; Filip. 3:9.— b. Rom. 3:19.— c. Rom. 7:23.— d. Tito 3:5; Deut. 9:6; Ezeq. 36:22.— e. Rom. 3:24; Efes. 2:8.— f. Rom. 4:4; 2 Cor. 5:19.— g. 1 Juan 2:2.— h. 1 Juan 2:1.— i. 2 Cor. 5:21.— j. Rom. 3:22; Juan 3:18.

61. Preg. ¿Por qué afirmas ser justo sólo por la fe?.

Resp. No porque agrade a Dios por la dignidad de mi fe, sino porque sólo la satisfacción, justicia y santidad de Cristo son mi propia justicia delante de Dios[a], y que yo no puedo cumplir de otro modo que por la fe[b].

a. 1 Cor. 1:30; 1 Cor. 2:2.— b. 1 Juan 5:10.

45

Domingo 24

62. Preg. ¿Por qué no pueden justificarnos ante Dios las buenas obras, aunque sólo sea en parte?

Resp. Porque es necesario que aquella justicia, que ha de aparecer delante del juicio de Dios, sea perfectamente cumplida y de todo punto conforme a la Ley Divina[a]; y nuestras buenas obras, aun las mejores en esta vida, son imperfectas y contaminadas de pecado[b].

a. Gál. 3:10; Deut. 27:26.— b. Isaías 64:6.

63. Preg. Luego, ¿cómo es posible que nuestras obras no merezcan nada, si Dios promete remunerarlas en la vida presente y en la venidera?

Resp. Esta remuneración no se da por merecimiento, sino por gracia[a].

a. Lucas 17:10.

64. Preg. Pero esta doctrina ¿no hace a los hombres negligentes e impíos?

Resp. No, porque es imposible que no produzcan frutos de gratitud los que por la fe verdadera han sido injertados en Cristo[a].

a. Mateo 7:18; Juan 15:5.

DE LOS SACRAMENTOS

Domingo 25

65. Preg. Si sólo la fe nos hace participantes de Cristo y de todos sus beneficios, dime, ¿de dónde procede esta fe?

Resp. Del Espíritu Santo[a] que la hace obrar por la predicación del Santo Evangelio, encendiendo nuestros corazones, y confirmándola por el uso de los sacramentos[b].

a. Efes. 2:8; Efes. 6:23; Juan 3:5; Filip. 1:29.— b. Mateo 28:19; 1 Pedro 1:22, 23.

66. Preg. ¿Qué son los sacramentos?

Resp. Son señales sagradas y visibles, y sellos instituidos por Dios, para sernos declarada mejor y sellada por ellos la promesa del Evangelio; a saber, que la remisión de los pecados y la vida eterna, por aquel único sacrificio de Cristo cumplido en la cruz, se nos da de gracia no solamente a todos los creyentes en general, sino también a cada uno en particular[a].

a. Gén. 17:11; Rom. 4:11; Deut. 30:6; Lev. 6:25; Hebr. 9:7, 8, 9, 24; Ezeq. 20:12; Isaías 6:6, 7; Isaías 54:9.

67. Preg. Entonces la palabra y los sacramentos ¿tienen como fin llevar nuestra fe al sacrificio de Cristo cumplido en la cruz, como el único fundamento de nuestra salvación?[a].

Resp. Así es, porque el Espíritu Santo nos enseña por el Evangelio y confirma por los Sacramentos, que toda nuestra salud está puesta en el único sacrificio de Cristo ofrecido por nosotros en la cruz.

a Rom. 6:3; Gál. 3:27.

68. Preg. ¿Cuántos sacramentos ha instituido Cristo en el Nuevo Testamento?

Resp. Dos: El Santo Bautismo y la Santa Cena.

DEL SANTO BAUTISMO

Domingo 26

69. Preg. ¿Por qué el Santo Bautismo te asegura y recuerda que eres participante de aquel único sacrificio de Cristo, hecho en la Cruz?

Resp. Porque Cristo ha instituido[a] el lavamiento exterior del agua, añadiendo esta promesa[b], que tan ciertamente soy lavado con su sangre y Espíritu de las inmundicias de mi alma, es a saber, de todos mis pecados[c], como soy rociado y lavado exteriormente con el agua, con la cual se suelen limpiar las suciedades del cuerpo.

a. Mateo 28:19.— b. Mateo 28:19; Marc. 16:16; Hechos 2:38; Juan 1:33; Mateo 3:11; Rom. 6:3, 4.— c. 1 Pedro 3:21; Marc. 1:4; Luc. 3:3.

70. Preg. ¿Qué es ser lavado con la sangre y Espíritu de Cristo?

Resp. Es recibir de la gracia de Dios la remisión de los pecados, por la sangre de Cristo, que derramó por nosotros en su sacrificio en la Cruz[a]. Y también ser renovados y santificados por el Espíritu Santo para ser miembros de Cristo, a fin de que muramos al pecado y vivamos santa e irreprensiblemente[b].

a. Hebr. 12:24; 1 Pedro 1:2; Apoc. 1:5; Apoc. 7:14; Zac. 13:1; Ezeq. 36:25.— b. Juan 1:33; Juan 3:5; 1 Cor. 6:11; 1 Cor. 12:13; Rom. 6:4; Col. 2:12.

71. Preg. ¿Dónde prometió Cristo que El nos quiere limpiar tan ciertamente por su sangre y Espíritu como somos lavados por el agua del bautismo?

Resp. En la institución del Bautismo, cuyas palabras son éstas: *Id, enseñad a todas las gentes, bautizándolas en el nombre del Padre, y del Hijo, y del Espíritu Santo*, Mateo 28:19.
El que creyere y fuere bautizado, será salvo; mas el que no creyere, será condenado, Marcos 16:16. Esta misma promesa se repite cuando las Sagradas Escrituras llaman al bautismo *lavamiento de la regeneración y ablución de pecados*, Tito 3:5; Hechos 22:16.

Domingo 27

72. **Preg.** ¿Es el lavamiento la purificación misma de los pecados?

Resp. No[a]: porque sólo la sangre de Jesucristo y el Espíritu nos limpia y purifica de todo pecado[b].

a. Mateo 3:11; 1 Pedro 3:21; Efes. 5:26.— b. 1 Juan 1:7; 1 Cor. 6:11.

73. **Preg.** Entonces ¿por qué llama el Espíritu Santo al bautismo el lavacro de la regeneración y la purificación de los pecados?

Resp. Dios no habla así sin una razón justificada, pues El, no sólo quiere enseñarnos que nuestros pecados se purifican por la sangre y Espíritu de Cristo, como las suciedades del cuerpo por el agua[a], sino más aún: certificarnos por este divino símbolo y prenda que verdaderamente somos limpiados por el lavamiento interior y espiritual de nuestros pecados, de la misma manera que somos lavados exteriormente por el agua visible[b].

a. Apoc. 1:5; Apoc. 7:14; 1 Cor. 6:11.— b. Marc. 16:16; Gál. 3:27.

74. **Preg.** ¿Se ha de bautizar también a los niños?

Resp. Naturalmente, porque están comprendidos, como los adultos, en el pacto, y pertenecen a la Iglesia de Dios[a]. Tanto a éstos como a los adultos se les promete por la sangre de Cristo, la remisión de los pecados[b] y el Espíritu Santo, obrador de la fe[c]; por esto, y como señal de este pacto, deben ser incorporados a la Iglesia de Dios y diferenciados de los hijos de los infieles[d], así como se hacía en el pacto del Antiguo Testamento por la circuncisión[e], cuyo sustituto es el Bautismo en el Nuevo Pacto[f].

a. Gén. 17:7.— b. Mateo 19:14.— c. Luc. 1:15; Salmo 22:10; Isaías 44:1-3; Hechos 2:39.— d. Hechos 10:47.— e. Gén. 17:14.— f. Col. 2:11-13.

DE LA SANTA CENA DE NUESTRO SEÑOR

Domingo 28

75. Preg. ¿Cómo te asegura y confirma la Santa Cena que eres hecho participante de aquel único sacrificio de Cristo, ofrecido en la cruz, y de todos sus bienes?

Resp. Porque Cristo me ha mandado, y también a todos los fieles, comer de este pan partido y beber de esta copa en memoria suya, añadiendo esta promesa[a]: Primero, que su cuerpo ha sido ofrecido y sacrificado por mí en la cruz, y su sangre derramada por mis pecados, tan cierto como que veo con mis ojos que el pan del Señor es partido para mí y que me es ofrecida la copa. Y segundo, que El tan cierto alimenta mi alma para la vida eterna con su cuerpo crucificado y con su sangre derramada, como yo recibo con la boca corporal de la mano del ministro el pan y el vino, símbolos del cuerpo y de la sangre del Señor.

a. Mateo 26:26-28; Marc. 14:22-24; Luc. 22:19, 20; 1 Cor. 10:16, 17; 1 Cor. 11:23-25; 1 Cor. 12:13.

76. Preg. ¿Qué significa comer el cuerpo sacrificado de Cristo y beber su sangre derramada?

Resp. Significa, no sólo abrazar con firme confianza del alma toda la pasión y muerte de Cristo, y por este medio alcanzar la remisión de pecados y la vida eterna[a], sino unirse más y más a su santísimo cuerpo por el Espíritu Santo[b], el cual habita juntamente en Cristo y en nosotros de tal manera, que, aunque El esté en el cielo[c] y nosotros en la tierra, todavía somos carne de su carne y hueso de sus hueso[d], y que, de un mismo espíritu, (como todos los miembros del cuerpo por una sola alma) somos vivificados y gobernados para siempre[e].

a. Juan 6:35, 40, 47; Juan 6:48, 50, 51; Juan 6:53, 54.— b. Juan 6:55, 56.— c. Col. 3:1; Hechos 3:21; 1 Cor. 11:26.— d. Efes. 5:29, 30; Efes. 3:16; 1 Cor. 6:15; 1 Juan 3:24; 1 Juan 4:13.— e. Juan 6:57; Juan 15:1-6; Efes. 4:15, 16.

77. Preg. ¿Dónde prometió Cristo, que tan ciertamente dará a los creyentes en comida y en bebida su cuerpo y sangre, comó comen de este pan roto y beben de este vaso?

Resp. En la institución de la cena, cuyas palabras fueron[a]: *Nuestro Señor Jesucristo, la noche que fue entregado, tomó el pan, y habiendo dado gracias, lo partió y dijo: Tomad, comed, esto es mi cuerpo que por vosotros es partido; haced esto en memoria de mí. Asimismo tomó también la copa, después de haber cenado, diciendo: Esta copa es el nuevo pacto en mi sangre; haced esto todas las veces que la bebiereis, en memoria de mí. Así, pues, todas las veces que comiereis este pan y bebiereis esta copa, la muerte del Señor anunciáis hasta que él venga* (1 Cor. 11:23-26).

Pablo repite esta promesa cuando dice: *La copa de bendición, que bendecimos, ¿no es la comunión de la sangre de Cristo? El pan que partimos, ¿no es la comunión del cuerpo de Cristo?* Siendo uno solo el pan, nosotros, con ser muchos, somos un cuerpo: pues todos participamos de aquel mismo pan (1 Cor. 10: 16, 17).

a. Mateo 26:26-28; Marc. 14:22-24: Luc. 22:9,20.

Domingo 29

78. Preg. ¿El pan y el vino se convierten sustancialmente en el mismo cuerpo y sangre de Cristo?

Resp. De ninguna manera[a], pues como el agua del Bautismo no se convierte en la sangre de Cristo, ni es la misma ablución de los pecados, sino solamente una señal y sello de aquellas cosas que nos son selladas en el Bautismo[b], así el pan de la Cena del Señor no es el mismo cuerpo[c], aunque por la naturaleza y uso de los sacramentos[d] es llamado el cuerpo de Cristo.

a. Mateo 26:29.— b. Efes. 5:26; Tito 3:5.— c. 1 Cor. 10:16; 1 Cor. 11:26.— d. Gén. 17:10, 11; Éx. 12:11, 13; Éx. 13:9; 1 Pedro 3:21; 1 Cor. 10:3, 4.

79. Preg. ¿Por qué llama Cristo al pan su cuerpo y a la copa su sangre, o el Nuevo Testamento en su sangre, y Pablo al pan y al vino la comunión del cuerpo y sangre de Cristo?.

Resp. Cristo no habla así sin una razón poderosa, y no solamente para enseñarnos que, así como el pan y el vino sustentan la vida corporal, su cuerpo crucificado y su sangre derramada son la verdadera comida y bebida, que alimentan nuestras almas para la vida eterna[a], más aún, para asegurarnos por estas señales y sellos visibles, que por obra del Espíritu Santo somos participantes de su cuerpo y sangre tan cierto como que tomamos estos sagrados símbolos en su memoria y por la boca del cuerpo[b]; y también que su pasión y obediencia son tan ciertamente nuestras, como si nosotros mismos en nuestras personas hubiéramos sufrido la pena y satisfecho a Dios por nuestros pecados.

a. Juan 6:55.— b. 1 Cor. 10:16.

Domingo 30

80. Preg. ¿Qué diferencia hay entre la Cena del Señor y la misa papal?

Resp. La Cena del Señor nos testifica que tenemos remisión perfecta de todos nuestros pecados por el único sacrificio de Cristo, que El mismo cumplió en la Cruz una sola vez[a]; y también que por el Espíritu Santo estamos incorporados en Cristo[b], el cual no está ahora en la tierra según su naturaleza humana, sino en los cielos a la diestra de Dios, su padre[c], donde quiere ser adorado por nosotros[d].
La misa enseña que los vivos y los muertos no tienen la remisión de los pecados por la sóla pasión de Cristo, a no ser que cada día Cristo sea ofrecido por ellos por mano de los sacerdotes; enseña también que Cristo está corporalmente en las especies de pan y de vino, y por tanto ha de ser adorado en ellas. Por lo tanto, el fundamento propio de la misa no es otra cosa que una negación del único sacrificio y pasión de Jesucristo y una idolatría maldita[e].

a. Hebr. 10:10, 12; Hebr. 7:26, 27; Hebr. 9:12, 25; Juan 19:30; Mateo 26:28; Luc. 22:19.— b. 1 Cor. 10:16, 17; 1 Cor. 6:17.— c. Juan 20:17; Col. 3:1; Hebr. 1:3; Hebr. 8:1.— d. Mateo 6:20, 21; Juan 4:21; Luc. 24:52; Hechos 7:55; Col 3:1; Filip. 3:20; 1 Tes. 1:10.— e. Hebr. 9:26; Hebr. 10:12, 14.

81. Preg. ¿Quiénes son los que deben participar de la mesa del Señor?

Resp. Tan sólo aquellos que se duelan verdaderamente de haber ofendido a Dios con sus pecados, confiando en ser perdonados por el amor de Cristo y que las demás flaquezas quedarán cubiertas con su pasión y muerte. Y que también deseen fortalecer más y más su fe y mejorar su vida. Pero los hipócritas y los que no se arrepienten de verdad, comen y beben su condenación[a].

a. 1 Cor. 11:28; 1 Cor. 10:19-22.

82. Preg. ¿Deben admitirse también a esta Cena los que por su confesión y vida se declaran infieles e impíos?

Resp. De ninguna manera, porque así se profana el pacto de Dios, y se provoca su ira sobre toda la congregación[a]. Por lo cual, la Iglesia debe, según la orden de Cristo y de sus apóstoles (usando de las llaves del reino de los cielos), excomulgar y privar a los tales de la Cena, hasta que se arrepientan y rectifiquen su vida.

a. 1 Cor. 11:20, 34; Isaías 1:11; Isaías 66:3; Jer. 7:21; Salmo 50:16.

Domingo 31

83. Preg. ¿Qué son las llaves del reino de los cielos?

Resp. La predicación del Santo Evangelio y la disciplina eclesiástica: con las cuales se abre el cielo a los fieles, y se cierra a los infieles.

84. Preg. ¿De qué manera se abre y se cierra el reino de los cielos por la predicación del Evangelio?

Resp. Cuando (según el mandamiento de Cristo) públicamente es anunciado y testificado a todos los fieles en general y a cada uno en particular, que todos los pecados les son perdonados por Dios, por los méritos de Cristo, todas las veces que abrazaren con verdadera fe la promesa del Evangelio. Al contrario, a todos los infieles e hipócritas se les anuncia que la ira de Dios y la condenación eterna caerá sobre ellos mientras perseveraren en su maldad[a]; según testimonio del Evangelio, Dios juzgará así en esta vida como en la otra.

a. Juan 20:21-23; Mateo 16:19.

85. Preg. ¿De qué manera se cierra y se abre el reino de los cielos por la disciplina eclesiástica?

Resp. Cuando (según el mandamiento de Cristo) aquellos que bajo el nombre de cristianos se muestran en la doctrina o en la vida ajenos a Cristo, y después de haber sido fraternalmente amonestados en diversas ocasiones, no quieren apartarse de sus errores o maldades, son denunciados a la Iglesia o a los que han sido ordenados por ella. Y si aun no obedecen a la amonestación de éstos, por la prohibición de los sacramentos son expulsados de la congregación cristiana, y por el mismo Dios, del reino de Cristo; y otra vez recibidos, como miembros de Cristo y de su Iglesia cuando prometen enmienda y lo demuestran por sus obras[a].

a. Mateo 18:15-17; 1 Cor. 5:4, 5, 11; 2 Cor. 2:6-8.

TERCERA PARTE:
DE LA GRATITUD QUE
DEBEMOS A DIOS POR LA SALVACION

Domingo 32

86. Preg. Si somos librados por Cristo de todos nuestros pecados y miserias sin merecimiento alguno de nuestra parte, sino sólo por la misericordia de Dios ¿Por qué hemos de hacer buenas obras?

Resp. Porque después de que Cristo nos ha redimido con su sangre, nos renueva también con su Espíritu Santo a su imagen; a fin de que en toda nuestra vida nos mostremos agradecidos a Dios por tantos beneficios[a] y que El sea glorificado por nosotros[b]. Además de esto para que cada uno de nosotros sea asegurado de su fe por los frutos[c]. Y finalmente para que, también por la piedad e integridad de nuestra vida, ganemos a nuestro prójimo para Cristo[d].

a. Rom. 6:13; Rom. 12:1, 2; 1 Pedro 2:5, 9; 1 Cor. 6:20.— b. Mateo 5:16; 1 Pedro 2:12.— c. 2 Pedro 1:10; Mateo 7:17; Gál. 5:6, 22.— d. 1 Pedro 3:1, 2; Rom. 14:19.

87. Preg. Luego, ¿no pueden salvarse aquellos que siendo desagradecidos y perseverando en sus pecados no se conviertan a Dios de su maldad?

Resp. De ninguna manera, porque, como lo testifican las Sagradas Escrituras, no heredarán el reino de Dios los fornicarios, los idólatras, los adúlteros, los ladrones, los avaros, los borrachos, los maldicientes.

a. 1 Cor. 6:9, 10; Efes. 5:5, 6; 1 Juan 3:14.

Domingo 33

88. Preg. ¿De cuántas partes se compone el verdadero arrepentimiento y conversión al Señor?

Resp. De dos: la muerte del viejo hombre, y la vivificación del nuevo[a].

a. Rom. 6:1,4-6; Efes. 4:22-24; Col. 3:5,6,8-10; 1 Cor. 5:7; 2 Cor. 7:10.

89. Preg. ¿En qué consiste la muerte del hombre viejo?

Resp. En que sintamos pesar, de todo corazón, de haber ofendido a Dios con nuestros pecados, aborreciéndolos y evitándolos[a].

a. Rom. 8:13; Joel 2:13; Oseas 6:1.

90. Preg. ¿Qué es la vivificación del nuevo hombre?

Resp. Es alegrarse de todo corazón en Dios por Cristo[a], y desear vivir conforme a la voluntad de Dios, así como ejercitarse en toda buena obra[b].

a. Rom. 5:1; Rom. 14:17; Isaías 57:15.— b. Rom. 6:10; Gál. 2:20.

91. Preg. ¿Qué son buenas obras?

Resp. Unicamente aquellas que se realizan con fe verdadera[a] conforme a la Ley de Dios[b], y se aplican solamente a su gloria[c]; y no aquellas que están fundadas en nuestras buenas intenciones o sobre instituciones humanas[d].

a. Rom. 14:23.— b. Lev. 18:4; 1 Sam. 15:22; Efes. 2:10.— c. 1 Cor. 10:31.— d. Ezeq. 20:18, 19; Isaías 29:13; Mateo 15:7-9.

DE LA LEY

Domingo 34

92. Preg. ¿Cuál es la Ley de Dios?

Resp. *Y habló Dios todas estas palabras*: (Exodo 20:1-17; Deut. 5:6-21).
Yo soy Jehová (El Señor), *tu Dios, que te saqué de la tierra de Egipto, de casa de servidumbre.*

Primer mandamiento.
No tendrás dioses ajenos delante de mí.

Segundo mandamiento.
No te harás imagen, ni ninguna semejanza de lo que esté arriba en el cielo, ni abajo en la tierra, ni en las aguas debajo de la tierra. No te inclinarás a ellas, ni las honrarás; porque yo soy Jehová tu Dios, fuerte, celoso, que visito la maldad de los padres sobre los hijos, hasta la tercera y cuarta generación, de los que me aborrecen; y hago misericordia a millares, a los que me aman y guardan mis mandamientos.

Tercer mandamiento
No tomarás el nombre de Jehová tu Dios en vano; porque no dará por inocente Jehová al que tomare su nombre en vano.

Cuarto mandamiento
Acuérdate del día de reposo para santificarlo; seis días trabajarás, y harás toda tu obra; mas el séptimo día es reposo para Jehová tu Dios; no hagas en él obra alguna, tú ni tu hijo, ni tu hija, ni tu siervo, ni tu criada, ni tu bestia, ni tu extranjero que está dentro de tus puertas. Porque en seis días hizo Jehová los cielos y la tierra, el mar y todas las cosas que en ellos hay, y reposó en el séptimo día; por tanto, Jehová bendijo el día de reposo y lo santificó.

Quinto mandamiento
Honra a tu padre y a tu madre, para que tus días se alarguen en la tierra que Jehová tu Dios te da.

Sexto mandamiento
No matarás.

Séptimo mandamiento
No cometerás adulterio.

Octavo mandamiento.
No hurtarás.

Noveno mandamiento.
No hablarás contra tu prójimo falso testimonio.

Décimo mandamiento
No codiciarás la casa de tu prójimo, no codiciarás la mijer de tu próji-
mo, ni su siervo, ni su criada, ni su buey, ni su asno, ni cosa alguna
de tu prójimo.

93. Preg. ¿Cómo se dividen estos diez mandamientos?

Resp. En dos tablas[a]: De las cuales la primera enseña lo que debemos
hacer para con Dios; la segunda, lo que debemos hacer para con
nuestro prójimo[b].

a. Deut. 4:13; Éx. 34:28; Deut. 10:3, 4.— b. Mateo 22:37-40.

94. Preg. ¿Qué manda Dios en el primer mandamiento?

Resp. Que yo, que deseo la salvación de mi alma, evite y huya de toda idolatría[a], hechicería, encantamiento, superstición[b], invocación
de santos o de otras criaturas[c]; y que conozca rectamente al único verdadero Dios[d], en El sólo confíe[e] con toda humildad[f] y paciencia, a El
sólo me someta[g], y de El sólo espere todos los bienes[h]. Finalmente
que de todo corazón le ame[i], tema[j] y reverencie[k]; de tal manera que
esté dispuesto a renunciar a todas las criaturas antes que cometer la
menor cosa contra su voluntad[l].

a. 1 Juan 5:21; 1 Cor. 6:10; 1 Cor. 10:7, 14.— b. Lev. 10:31; Deut. 18:9, 10.— c. Mateo 4:10; Apoc. 19:10; Apoc. 22:8, 9.— d. Juan 17:3.— e. Jer. 17:5, 7.— f. 1 Pedro
5:5.— g. Hebr. 10:36; Col. 1:11; Rom. 5:3, 4; 1 Cor. 10:10; Filip. 2:14.— h. Salmo
104:27; Isaías 45:7; Santg. 1:17.— i. Deut. 6:5; Mateo 22:37.— j. Deut 6:2; Salmo
111:10; Prov. 1:7; Prov. 9:10; Mateo 10:28.— k. Mateo 4:10; Deut 10:20.— l. Mateo
5:29; Mateo 10:37; Hechos 5:29.

95. Preg. ¿Qué es idolatría?

Resp. Es poner en el lugar que sólo corresponde al Dios verdadero que se ha revelado por su Palabra, o junto a El, cualquier otra cosa en la cual se ponga confianza[a].

a. Efes. 5:5; 1 Crón. 16:26; Filip. 3:19; Gál. 4:8; Efes. 2:12; 1 Juan 2:23; 2 Juan 9, Juan 5:23.

Domingo 35

96. Preg. ¿Qué pide Dios en el segundo mandamiento?

Resp. Que no representemos a Dios por medio de alguna imagen o figura[a], y sólo le rindamos culto como El ha mandado en su Palabra[b].

a. Isaías 40:18, 19, 25; Deut. 4:15, 16; Rom. 1:23; Hechos 17:20.— b. 1 Sam. 15:23; Deut. 12:30; Mateo 15:9.

97. Preg. ¿No es lícito hacer ninguna imagen?

Resp. Ni podemos, ni debemos representar a Dios de ninguna manera[a], y aun en el caso de que fuese lícito representar a las criaturas, Dios prohibe hacer o poseer ninguna imagen destinada a ser adorada o empleada en su servicio[b].

a. Isaías 40:25.— b. Éx. 34:17; Éx. 23:24; Éx. 34:13; Num. 33:52.

98. Preg. ¿No se podrían tolerar las imágenes en las iglesias, como si fuesen libros para enseñar a los ignorantes?

Resp. No, porque nosotros no debemos ser más sabios que Dios, que no quiere instruir a su pueblo por imágenes mudas[a], sino por la predicación viva de su Palabra[b].

a. Jer. 10:8; Hab. 2:18,19.— b. Rom. 10:14,15,17; 2 Pedro 1:19; 2 Tim. 3:16,17.

Domingo 36.

99. Preg. ¿Qué nos enseña el tercer mandamiento?

Resp. Que dejemos de blasfemar[a] o profanar el nombre de Dios por medio de falsos juramentos[b] y maldiciones[c], y aún inútiles juramentos; que no nos hagamos partícipes de tan horrendos pecados al callar cuando los oigamos[d]. En una palabra: que no empleemos el santo nombre de Dios, mas que con temor y veneración[e], a fin de que El sea rectamente confesado[f], invocado[g] y glorificado por nuestras palabras y hechos[h].

a. Lev. 24:15,16.— b. Lev. 19:12.— c. Mateo 5:37; Santg. 5:12.— d. Lev. 5:1; Prov. 29:34.— e. Jer. 4:2; Isaías 45:23.— f. Mateo 10:32; Rom. 10:9,10.— g. Salmo 50:15; 1 Tim. 2:8.— h. Col. 3:17; Rom. 2:24; 1 Tim. 6:1.

100. Preg. ¿Es tan grave pecado el profanar el nombre de Dios por medio de juramentos y blasfemias, que Dios también se enoja contra aquellos que no se opusieron y no lo prohibieron con todas sus fuerzas?

Resp. Sí[a], porque no hay mayor pecado ni cosa que a Dios más ofenda que el profanar su nombre, por lo cual mandó que esta maldad fuese castigada con la muerte[b].

a. Prov. 29:24; Lev. 5:1.— b. Lev. 24:16.

Domingo 37

101. Preg. ¿Se puede jurar santamente en el nombre de Dios?

Resp. Sí, cuando el magistrado o la necesidad así lo exijan para sostener y confirmar la fe y la verdad, para la gloria de Dios y el bien de nuestro prójimo. Pues tal manera de prestar juramento está fundada en la Palabra de Dios[a] y, en consecuencia, ha sido rectamente empleada por los santos, tanto en el Antiguo como en el Nuevo Testamento[b].

a. Deut. 6:13; Deut. 10:20; Isaías 48:1; Hebr. 6:16.— b. Gén. 21:24; Gén. 31:53; Josué 9:15; 1 Sam. 24:23; 2 Sam. 3:35; 1 Reyes 1:29; Rom. 1:9; Rom. 9:1; 2 Cor. 1:23.

102. Preg. ¿Es lícito jurar por los santos u otras criaturas?

Resp. No. Porque el legítimo juramento es una invocación de Dios, por la cual se le pide, que El, como el que sólo ve los corazones, sea testigo de la verdad, y castigue si el juramento es falso [a]; este honor le corresponde a El[b].

a. 2 Cor. 1:23; Rom. 9:1.— b. Mateo 5:34-36; Santg. 5:12.

Domingo 38

103. Preg. ¿Qué ordena Dios en el cuarto mandamiento?

Resp. Primero, que el ministerio de la Palabra y la enseñanza sean mantenidos[a], y que yo frecuente asiduamente la iglesia, la congregación de Dios, sobre todo el día de reposo[b], para oir la Palabra de Dios[c], y participar de los santos sacramentos[d], para invocar públicamente al Señor[e], y para contribuir cristianamente a ayudar a los necesitados[f].
Además, que todos los días de mi vida cese de mal obrar, para que sea Dios mismo quien obre en mi corazón por su Espíritu y, de este modo, pueda empezar en esta vida el Sábado eterno[g].

a. Tito 1:5; 2 Tim. 3:14; 1 Cor. 9:13,14; 2 Tim. 2:2; 2 Tim. 3:15.— b. Salmo 40:9,10; Salmo 68:26; Hechos 2:42.— c. 1 Tim. 4:13; 1 Cor. 14:29.— d. 1 Cor. 11:33.— e. 1 Tim. 2:1; 1 Cor. 14:16.— f. 1 Cor. 16:2.— g. Isaías 66:23.

Domingo 39

104. Preg. ¿Qué manda Dios en el quinto mandamiento?

Resp. Que muestre a mi padre y a mi madre y a todos mis superiores, honor, amor y fidelidad, que me someta obedientemente a sus buenas enseñanzas y castigos[a], soportando también pacientemente sus flaquezas[b], pues Dios quiere regirnos por medio de ellos[c].

a. Efes. 6:1,2,5; Col. 3:18,20,22; Efes. 5:22; Prov. 1:8; Prov. 4:1; Prov. 15:20; Prov. 20:20; Éx. 21:17; Rom. 13:1.— b. Prov. 23:22; Gén. 9:24; 1 Pedro 2:18.— c. Efes. 6:4,9; Col. 3:20; Rom. 13:2,3; Mateo 22:21.

Domingo 40

105. Preg. ¿Qué exige Dios en el sexto mandamiento?

Resp. Que ni por mis pensamientos, palabras, actitud y aún menos por mis actos, por mi mismo o por medio de otro, llegue a injuriar, odiar, ofender o matar a mi prójimo[a], por el contrario que, renuncie a todo deseo de venganza[b]; que no me haga mal a mi mismo o me exponga temerariamente al peligro[c]. Para impedir esto, el magistrado posee la espada[d].

a. Mateo. 5:21,22; Mateo 26:52; Gén 9:6.— b. Efes. 4:26; Rom. 12:19; Mateo 18:35; Mateo 5:25.— c. Rom. 13:14; Col. 2:23; Mateo 4:7.— d. Gén. 9:6; Éx. 21:14; Mateo 26:52; Rom. 13:14.

106. Preg. ¿Este mandamiento sólo prohibe matar?

Resp. Al prohibir la muerte Dios nos enseña que El detesta todo lo que de ello se origina, como la envidia[a], el odio[b], la ira[c] y el deseo de venganza, considerando todo esto como verdadero homicidio[d].

a. Prov. 14:30; Rom. 1:29.— b. 1 Juan 2:11.— c. Santg. 1:20; Gál. 5:19-21.— d. 1 Juan 3:15.

107. Preg. ¿Es suficiente, como hemos dicho, el no matar a nuestro prójimo?

Resp. No; pues Dios, condenando la envidia, el odio y la ira, quiere que amemos a nuestro prójimo como a nosotros mismos[a], usando para con él toda benignidad, mansedumbre, paciencia y misericordia[b], impidiendo, hasta donde nos sea posible, el mal que le podría sobrevenir[c], haciendo bien incluso a nuestros enemigos[d].

a. Mateo 22:39; Mateo 7:12; Rom. 12:10.— b. Efes. 4:2; Gál. 6:1,2; Mateo 5:5; Rom. 12:18; Luc. 6:36; Mateo 5:7; 1 Pedro 3:8; Col. 3:12.— c. Éx. 23:5.— d. Mateo 5:44,45; Rom. 12:20.

Domingo 41

108. Preg. ¿Qué enseña el séptimo mandamiento?

Resp. Que Dios maldice toda deshonestidad[a], y en consecuencia nosotros debemos también aborrecerla de todo corazón[b] y vivir casta y sobriamente[c], sea en el santo estado de matrimonio, o en otro estado[d].

a. Lev. 18:28.— b. Judas 23.— c. 1 Tes. 4:3-5.— d. Hebr. 13:4; 1 Cor. 7:7.

109. Preg. ¿En este mandamiento, prohibe sólo Dios el adulterio y pecados semejantes?

Resp. Como nuestro cuerpo y alma son templo del Espíritu Santo, Dios quiere que conservemos ambos puros y santos. Para ello prohibe toda impureza en nuestras acciones, nuestros gestos, nuestras palabras[a], nuestros pensamientos y deseos[b], y todo lo que incita al hombre a ello[c].

a. Efes. 5:3,4; 1 Cor. 6:18,19.— b. Mateo 5:27,28.— c. Efes. 5:18; 1 Cor. 15:33.

Domingo 42

110. Preg. ¿Qué prohibe Dios en el octavo mandamiento?

Resp. Dios prohibe no solamente el robo[a] y la rapiña[b] que castiga la autoridad, sino que llama también robo a todos los medios malos y engaños con los cuales tratamos de apoderarnos del bien de nuestro prójimo[c], ya sea por la fuerza por una apariencia de derecho, como son: el peso falso, la mala mercadería[d], la moneda falsa, la usura[e], o por cualquier otro medio prohibido por Dios. También prohibe toda avaricia[f] y todo uso inutil de sus dones[g].

a. 1 Cor. 6:10.— b. 1 Cor. 5:10; Isaías 33:1.— c. Luc. 3:14; 1 Tes. 4:6.— d. Prov. 11:1; Prov. 16:11; Ezeq. 45:9,10; Deut. 25:13.— e. Salmo 15:5; Luc. 6:35.— f. 1 Cor. 6:10.— g. Prov. 23:20,21; Prov. 21:20.

111. Preg. ¿Qué te ordena Dios en este mandamiento?

Resp. Buscar en la medida de mis fuerzas, aquello que sea útil a mi prójimo, de hacer con él lo que yo quisiera que él hiciese conmigo[a], y trabajar fielmente a fin de poder asistir a los necesitados en su pobreza[b].

a. Mateo 7:12.— b. Efes. 4:28.

Domingo 43

112. Preg. ¿Qué se pide en el noveno mandamiento?

Resp. Que no levante falsos testimonios contra nadie[a], que no interprete mal las palabras de los demás[b], que no sea ni detractor ni calumniador[c]. Que no ayude a condenar a nadie temerariamente y sin haberle escuchado[d]; que huya de toda clase de mentira y engaño como obras propias del diablo[e], si no quiero provocar contra mi la gravísima ira de Dios[f]. Que en los juicios como en cualquier otra ocasión, ame la verdad, la anuncie y la confiese sinceramente[g]. Y por último que procure con todas mis fuerzas defender la honra y reputación de mi prójimo[h].

a. Prov. 19:5,9; Prov. 21:28.— b. Salmo 15:3; Salmo 50:19,20.— c. Rom. 1:30.— d. Mateo 7:1; Luc. 6:37.— e. Juan 8:44.— f. Prov. 12:22; Prov. 13:5.— g. 1 Cor. 13:6; Efes. 4:25.— h. 1 Pedro 4:8.

Domingo 44

113. Preg. ¿Qué ordena el décimo mandamiento?

Resp. Que ni por deseo o pensamiento nuestros corazones se rebelen jamás contra alguno de los mandamientos de Dios, sino que en todo tiempo aborrezcamos el pecado de todo corazón y nos deleitemos en toda justicia[a].

a. Rom. 7:7.

114. Preg. ¿Pueden guardar perfectamente estos mandamientos los que son convertidos a Dios?.

Resp. No, porque incluso los más santos, en tanto estén en esta vida, no cumplen más que un pequeño principio de esta obediencia[a]. Sin embargo, empiezan a vivir firmemente no sólo según algunos, sino todos los mandamientos de Dios[b].

a. Juan 1:8: Rom. 7:4,15: Eccles. 7:20: 1 Cor. 13:9.— b. Rom. 7:22: Salmo 1:2.

115. Preg. Entonces ¿Por qué quiere Dios que se nos predique tan rigurosamente los diez mandamientos, si no hay nadie que pueda observarlos perfectamente en esta vida?

Resp. Primeramente, para que durante toda nuestra vida conozcamos más y más, cuán grande es la inclinación de nuestra naturaleza a pecar[a], y así busquemos con más fervor la remisión de nuestros pecados y la justicia de Cristo[b]. Después, que nos apliquemos sin descanso a suplicar a Dios la gracia de su Espíritu Santo, para que cada día seamos más renovados a su imagen, hasta que, después de esta vida, alcancemos la perfección que nos es propuesta[c].

a. Rom. 3:20: 1 Juan 1:9: Salmo 32:5.— b. Mateo 5:6: Rom. 7:24,25.— c. 1 Cor. 9:24: Filip. 3:12-14.

DE LA ORACION

Domingo 45

116. Preg. ¿Por qué es necesaria la oración a los cristianos?

Resp. Porque es el punto principal de nuestro agradecimiento que Dios pide de nosotros[a], y porque El quiere dar su gracia y su Espíritu Santo sólo a aquellos que se lo piden con oraciones ardientes y continuas, dándole gracias[b].

a. Salmo 50:14.— b. Mateo. 7:7; Luc. 11:9,13; 1 Tes. 5:17.

117. Preg. ¿Qué es necesario en la oración para que ésta agrade a Dios y sea oida por El?

Resp. Primero, que pidamos de todo corazón[a], al sólo y verdadero Dios, el cual se ha manifestado en su Palabra[b], todas las cosas que El desea que le pidamos[c]. Segundo, que reconociendo sinceramente toda nuestra pobreza y miseria[d], nos humillemos delante de su majestad[e]. Y por último que apoyándonos sobre este firme fundamento[f], sepamos que, pese a nuestra indignidad, El escuchará nuestra oración por amor del Señor Jesucristo[g], como nos lo ha prometido en su Palabra[h].

a. Juan 4:24; Salmo 145:18.— b. Apoc. 19:10; Juan 4:22-24.— c. Rom. 8:26; 1 Juan 5:14; Santg. 1:5.— d. 2 Crón. 20:12.— e. Salmo 2:11; Salmo 34:18; Isaías 66:2.— f. Rom. 10:14; Santg. 1:6.— g. Juan 14:13; Juan 16:23; Dan. 9:18.— h. Mateo 7:8; Salmo 27:8.

118. Preg. ¿Qué nos ha mandado Dios que le pidamos?

Resp. Todo lo que es necesario para el alma y para el cuerpo[a], lo cual, nuestro Señor Jesucristo, ha incluído en la oración que él mismo nos ha enseñado.

a. Santg. 1:17; Mateo 6:33.

119. Preg. ¿Qué dice esta oración?

Resp. ᵃ*Padre nuestro que estás en los cielos, santificado sea tu nombre. Venga tu reino. Sea hecha tu voluntad, como en el cielo, así
también en la tierra.
Danos hoy nuestro pan cotidiano, y perdónanos nuestras deudas, como también nosotros perdonamos a nuestros deudores.
Y no nos metas en tentación, mas líbranos del mal; porque tuyo es el
reino, y el poder, y la gloria, por todos los siglos. Amén.*

a. Mateo 6:9-13; Luc. 11:2,3,4.

Domingo 46

120. Preg. ¿Por qué nos pide nuestro Señor Jesucristo que nos dirija-
mos a Dios diciendo: *Padre nuestro*?

Resp. Para despertar en nosotros, desde el principio de nuestra oración, el respeto filial y la confianza en Dios que deben ser el fundamento de nuestra oración. Es a saber, que Dios ha venido a ser nuestro Padre por Jesucristo, y nos concede con mayor seguridad las cosas
que le pedimos con fe, que nuestros padres nos otorgan las cosas de
este mundoᵃ.

a. Mateo 7:9-11; Luc. 11:11-13.

121. Preg. ¿Por qué se añade: *Que estás en los cielos*?

Resp. A fin de que no tengamos ninguna idea terrestre de la majestad celestial de Diosᵃ, y esperemos de su omnipotencia lo que necesitamos para nuestro cuerpo y nuestra almaᵇ.

a. Jer. 23:23,24; Hechos 17:24,25,27.— b. Rom. 10:12.

Domingo 47

122. Preg. ¿Cuál es la primera súplica?

Resp. *Santificado sea tu nombre,* es decir; concédenos ante todo que te conozcamos rectamente[a], y que santifiquemos y celebremos tu omnipotencia, sabiduría, bondad, justicia, misericordia y verdad, que se manifiesta en todas tus obras[b]. Concédenos también, que toda nuestra vida, en pensamiento, palabra y obra, sea siempre dirigida a este fin: que tu santísimo nombre no sea por nosotros blasfemado ni menospreciado, sino honrado y glorificado[c].

a. Juan 17:3; Jer. 9:24; Jer. 31:33,34; Mateo 16:17; Santg. 1:5; Salmo 119:105.— b. Salmo 119:137; Luc. 1:46,47,68,69; Rom. 11:33.— c. Salmo 71:8; Salmo 115:1.

Domingo 48

123. Preg. ¿Cuál es la segunda súplica?

Resp. *Venga tu reino,* es decir; reina de tal modo sobre nosotros por tu Palabra y Espíritu, que nos sometamos cada vez más y más a Tí[a]. Conserva y aumenta tu iglesia[b]. Destruye las obras del diablo y todo poder que se levante contra Tí, lo mismo que todos los consejos que se toman contra tu Palabra[c], hasta que la plenitud de tu reino venga[d], cuando Tú serás todo en todos[e].

a. Salmo 143:10; Salmo 119:5; Mateo 6:33.— b. Salmo 51:18; Salmo 122:6.— c. 1 Juan 3:8; Rom. 16:20.— d. Apoc. 22:20; Rom. 8:22,23.— e. 1 Cor. 15:28.

Domingo 49

124. Preg. ¿Cuál es la tercera súplica?

Resp. *Sea hecha tu voluntad, como en el cielo, así también en la tierra.* Es decir, haz que nosotros y todos los hombres, renunciemos a nuestra propia voluntad[a], y con toda humildad obedezcamos la tuya que es la única buena[b], para que cada uno de nosotros cumpla su deber y vocación, tan fiel y gozosamente[c] como lo hacen los ángeles en el cielo[d].

a. Mateo 16:24; Tito 2:11,12.— b. Luc. 22:42; Efes. 5:10; Rom. 12:2.— c. 1 Cor. 7:24.— d. Salmo 103:20,21.

Domingo 50

125. Preg. ¿Cuál es la cuarta súplica?

Resp. *Danos hoy nuestro pan cotidiano*, es decir, dígnate proveernos de todo lo que es necesario para el cuerpo[a], a fin de que, por ello reconozcamos que Tú eres la única fuente de todo bien[b], y que, ni nuestras necesidades, ni trabajo, ni incluso los bienes que Tú nos concedes, no nos aprovechan antes nos dañan sin tu bendición [c]. Por tanto, concédenos que apartemos nuestra confianza de todas las criaturas para ponerla sólo en Tí[d].

a. Salmo 145:15; Salmo 104:27; Mateo 6:26.— b. Santg. 1:17; Hechos 14:17; Hechos 17:27.— c. 1 Cor. 15:58; Deut. 8:13; Salmo 37:16; Salmo 127:1,2.— d. Salmo 55:22; Salmo 62:10; Salmo 146:3; Jer. 17:5,7.

Domingo 51

126. Preg. ¿Cuál es la quinta súplica?

Resp. *Perdónanos nuestras deudas, como también nosotros perdonamos a nuestros deudores;* es decir: por la preciosa sangre de Jesucristo, dígnate no imputarnos, a nosotros pobres pecadores, nuestros pecados ni la maldad que está arraigada en nosotros[a], así como nosotros sentimos, por este testimonio de tu gracia, el firme propósito de perdonar de todo corazón a nuestro prójimo[b].

a. Salmo 51:1; Salmo 143:2; 1 Juan 2:1; Rom. 8:1— b. Mateo 6:14.

Domingo 52

127. Preg. ¿Cuál es la sexta súplica?

Resp. *No nos metas en tentación, mas líbranos del mal;* es decir, dado que nosotros somos tan débiles que por nosotros mismos no podríamos subsistir un solo instante[a], y dado que, nuestros enemigos mortales como son: Satanás[b], el mundo[c] y nuestra propia carne[d], nos hacen continua guerra; dígnate sostenernos y fortificarnos por la potencia de tu Espíritu Santo, para que podamos resistirles valerosamente, y no sucumbamos en este combate espiritual[e], hasta que logremos finalmente la victoria[f].

a. Juan 15:5; Salmo 103:14.— b. 1 Pedro 5:8; Efes. 6:12.— c. Juan 15:19.— d. Rom. 7:23; Gál. 5:17.— e. Mateo 26:41; Marc. 13:33.— f. 1 Tes. 3:13; 1 Tes. 5:23.

128. Preg. ¿Cómo concluyes esta oración?

Resp. *Porque tuyo es el reino, y el poder, y la gloria, por todos los siglos.* Esto es: Te pedimos todo esto, porque siendo nuestro Rey Todopoderoso, Tú puedes y quieres concedernos toda clase de bien[a], y esto para que, no a nosotros, sino a tu santo nombre sea todo gloria[b] por todos los siglos.

a. Rom. 10:12; 2 Pedro 2:9.— b. Juan 14:13; Jer. 33:8, 9; Salmo 115:1.

129. Preg. ¿Qué significa la palabra: Amén?

Resp. *Amén* quiere decir: esto es verdadero y cierto. Porque mi oración es más ciertamente escuchada por Dios, que lo que yo siento en mi corazón, que he deseado de El[a].

a. 2 Cor. 1:20; 2 Tim. 2:13.

CONFESION DE FE
DE LAS IGLESIAS REFORMADAS
DE LOS PAISES BAJOS

(Confesión Belga)

Artículo 1

Todos nosotros creemos con el corazón y confesamos con la boca[a], que hay un ser espiritual[b], único y simple[c], al que llamamos Dios: eterno[d], incomprensible[e], invisible[f], inmutable[g], infinito[h], todopoderoso[i]; perfectamente sabio[j], justo[k], bueno[l] y fuente superabundante[m] de todos los bienes.

a. Rom. 10:10.— b. 2 Cor. 3:17; Jn.4:24.— c. Ef. 4:6; 1 Tim. 2:5; Dt. 6:4; Mal. 2:10.— d. Is. 40:28.— e. Is. 40:18-25.— f. Col. 1:15; 1 Tim. 6:16.— g. Sant. 1:17.— h. Sal. 145:3.— i. Is. 40:12.— j. Is. 40:13-14.— k. Is. 40, (13)14.— l. Mt. 19:17.— m. Jer. 2:13.

Artículo 2

A El le conocemos a través de dos medios. En primer lugar, por la creación, conservación y gobierno del universo: porque éste es para nuestros ojos como un hermoso libro[a] en el que todas las criaturas, grandes y pequeñas, son cual caracteres que nos dan a contemplar las cosas invisibles de Dios, a saber, su eterno poder y deidad, como dice el apóstol Pablo[b]; todas las cuales son suficientes para convencer a los hombres, y privarles de toda excusa. En segundo lugar, El se nos da a conocer aun más clara y perfectamente por su santa y divina Palabra[c], esto es, tanto como nos es necesario en esta vida, para Su honra y la salvación de los Suyos[d].

a. Sal. 19:1.— b. Rom. 1:20.— c. Sa!. 19:7; 1 Cor.2:9-10.— d. 1 Cor. 1:18-21.

Artículo 3

Confesamos, que esta Palabra de Dios no fue enviada ni producida por la voluntad de hombre alguno, sino que los santos hombres de Dios, siendo guiados por el Espíritu Santo, la hablaron, conforme dice el apóstol Pedro[a]. Después, Dios, por un cuidado especial[b] que El lleva de nosotros y de nuestra salvación, mandó a sus siervos los profetas y apóstoles[c] consignar por escrito Su Palabra revelada; y El mismo escribió con Su dedo las dos tablas de la Ley[d]. Por esta razón, a tales escritos los denominamos: santas y divinas Escrituras.

a. 2 Pe. 1:21.— b. Sal. 102:18.— c. Ex. 17:14; 34:27.— d. Dt. 5:22; Ex. 31:18.

Artículo 4

Tenemos las Sagradas Escrituras en dos libros: el Antiguo y el Nuevo Testamento, y los llamamos libros Canónicos porque contra ellos no hay nada que objetar. A éstos se los enumera en la Iglesia de Dios del modo siguiente:

Libros del Antiguo Testamento:

Los cinco libros de Moisés, a saber: Génesis, Exodo, Levítico, Números y Deuteronomio; el libro de Josué, de los Jueces, y Rut; dos libros de Samuel, y dos libros de los Reyes, dos libros de las Crónicas, llamados Paralipómenos; el libro de Esdras, Nehemías, Ester, Job; los Salmos de David; tres libros de Salomón, a saber: Proverbios, Eclesiastés, y Cantar de los Cantares; los cuatro profetas mayores: Isaías, Jeremías (con sus lamentaciones), Ezequiel y Daniel; y los doce profetas menores, es decir: Oseas, Joel, Amós, Abdías, Jonás, Miqueas, Nahum, Habacuc, Sofonías, Hageo, Zacarías, y Malaquías.

Y los del Nuevo Testamento, son: Los cuatro Evangelistas; Mateo, Marcos, Lucas, y Juan; los Hechos de los Apóstoles; las catorce cartas del Apóstol Pablo, o sea: a los Romanos; dos a los Corintios; a los Gálatas, a los Efesios, a los Filipenses, a los Colosenses; dos a los Tesalonicenses, dos a Timoteo; a Tito, a Filemón, y a los Hebreos; las siete cartas de los otros apóstoles, a saber: la carta de Santiago, dos cartas de Pedro, tres de Juan, y la carta de Judas; y el Apocalipsis del apóstol Juan.

Artículo 5

Unicamente a estos libros aceptamos por sagrados y canónicos, para regular nuestra fe según ellos, para fundamentarla en ellos y con ellos confirmarla. Y creemos sin duda alguna todo lo que está comprendido en ellos; y eso, no tanto porque la Iglesia los acepta y los tiene por tales, sino sobre todo porque el Espíritu Santo nos da testimonio en nuestros corazones, que son de Dios; y porque también tienen la prueba de ello en sí mismos; cuando advertimos que los ciegos mismos pueden palpar que las cosas que en ellos se han predicho, acontecen.

Artículo 6

A estos santos libros los distinguimos de los apócrifos, que son los siguientes:
El tercero y cuarto libro de Esdras, el libro de Tobías, Judit, el libro de la Sabiduría, Eclesiástico, Baruc, lo que se ha añadido a la historia de Ester; la oración de los tres mancebos en el fuego, la historia de Susana, la de la imagen de Bel y del Dragón; la oración de Manasés, y los dos libros de los Macabeos. La Iglesia podrá leer estos libros, y también tomar de ellos enseñanzas en tanto en cuanto que estén de conformidad con los libros Canónicos; pero carecen de poder y autoridad para apoyar en ellos algún artículo de la fe o de la religión Cristiana, pues podrían disminuir o contradecir la autoridad de los otros libros sagrados.

Artículo 7

Creemos, que esta Santa Escritura contiene de un modo completo la voluntad de Dios[a], y que todo lo que el hombre está obligado a creer para ser salvo se enseña suficientemente en ella[a]. Pues, ya que toda forma de culto que Dios exige de nosotros se halla allí extensamente descrita, así no les es permitido a los hombres, aunque incluso sean Apóstoles, enseñar de otra manera que como ahora se nos enseña por la Sagrada Escritura; es más, ni aunque fuera un ángel del cielo[b], como dice el apóstol Pablo (Gál. 1:8). Porque, como está vedado añadir algo a la Palabra de Dios[b], o disminuir algo de ella (Dt. 4:2; 12:32; 30:6; Ap. 22:19), así de ahí se evidencia realmente, que su doctrina es perfectísima y completa en todas sus formas[c]. Tampoco está permitido igualar los escritos de ningún hombre —a pesar de lo santos que hayan sido[d]— con las Divinas Escrituras, ni la costumbre[e] con la verdad de Dios (pues la verdad está sobre todas las cosas[f]), ni el gran número, antigüedad y sucesión de edades o de personas[g], ni los concilios, decretos o resoluciones[h]; porque todos los hombres son de suyo mentirosos y más vanos que la misma vanidad[i].

Por tanto, rechazamos de todo corazón todo lo que no concuerda con esta regla infalible[j], según nos enseñaron los Apóstoles, diciendo: *Probad los espíritus si son de Dios*[k] (1 Jn. 4:1).

Asimismo: *Si alguno viene a vosotros, y no trae esta doctrina, no lo recibáis en casa*[l] (2 Jn. 10).

a. Tim. 3:16-17; 1 Pe. 1:10-12.— b. Prov. 30:6; Gál. 3:15; Ap. 22:18-19; 1 Tim. 1:3; Gál. 1:8,11; 1 Cor. 15:2; Hch. 26:22; Rom. 15:4; Hch. 18:28; Dt.12:32.— c. 1 Pe. 4:10-11; Lc. 11:13; Hch. 20:27; Jn. 4:25; 15:15.— d. 1 Tim. 1:13.— e. Col. 2:8; Hch.4:19.— f. Jn. 3:13-31.— g. 1 Jn. 2:19; Hbr. 8:9; 2 Pe. 2:17-19.— h. Mt. 15:3; Mc. 7:7; Is. 1:12.— i. Sal. 62:9.— j. 2 Tim. 2:14; Mt. 17:5; Is. 8:20; 1 Cor. 2:4; 3:11; Sal. 12:6; Dt. 4:5-6; Ef. 4:5.— k. 1 Jn. 4:1.— l. 2 Jn. 10.

Artículo 8

Según esta verdad y esta Palabra de Dios, así creemos en un solo Dios[a]; el cual es una única esencia en la que hay tres personas, real,—verdadera—, y eternamente distintas según sus incomunicables atributos, y que son: el Padre, y el Hijo[b], y el Espíritu Santo.

El Padre es la causa, origen y principio de todas las cosas, tanto visibles como invisibles. El Hijo es el Verbo, la Sabiduría y la Imagen del Padre[c]. El Espíritu Santo es el eterno Poder y Potencia, procediendo del Padre y del Hijo. De tal manera, sin embargo, que esta distinción no hace que Dios sea dividido en tres, ya que la Sagrada Escritura nos enseña[d] que el Padre, y el Hijo, y el Espíritu Santo, cada uno tiene su independencia, distinta por sus atributos; de tal manera, no obstante, que estas tres Personas son un solo Dios. Así pues, es sabido que el Padre no es el Hijo, y que el Hijo no es el Padre, y que asimismo tampoco el Espíritu Santo es el Padre, ni el Hijo. Entretanto, estas Personas, tan distintas, no están divididas, ni tampoco mezcladas entre sí. Porque el Padre no se ha encarnado, ni tampoco el Espíritu Santo, sino solamente el Hijo. El Padre nunca ha sido sin su hijo[e], ni sin su Espíritu Santo; porque los tres son coeternos en una sola misma Esencia. Allí no hay primero, ni último; porque los tres son uno solo en verdad, en potencia, en bondad y en misericordia.

a. Cor. 8:6.— b. Jn. 5:17-18,32,36-37; Col. 1:15-18.— c. 1 Cor. 1:24; Jn. 1:14; 1 Jn. 1:1; Ap. 19:13; Prov. 8:22; Heb. 1:3.— d. Mt. 28:19; 3:16-17.— e. Jn. 1:14; Miq. 5:2.

Artículo 9

Sabemos todo esto, así por los testimonios de la Sagrada Escritura, como también por sus operaciones, y mayormente por aquellas que en nosotros sentimos. Los testimonios de las Sagradas Escrituras, que nos enseñan a creer esta Santa Trinidad, están descritos en muchas partes del Antiguo Testamento: los cuales no es necesario enumerar, sino sólo elegir con discernimiento o juicio.

En Gn. 1:26-27ª, Dios dice: *Hagamos al hombre a nuestra imagen, conforme a nuestra semejanza...Y Creó Dios al hombre a su imagen...; varón y hembra los creó.* Asimismo, Gn. 3:22^b: *He aquí el hombre es como uno de nosotros.* De ahí resulta evidente que hay más de una persona en la Divinidad, cuando El dice: *Hagamos al hombre a nuestra semejanza* ; y después nos indica El la unidad, cuando dice: *Y creó Dios.* Bien es verdad que El no dice cuántas son las personas que hay; pero lo que para nosotros es algo oscuro en el Antiguo Testamento, está muy claro en el Nuevo. Pues, cuando nuestro Señor fue bautizado en el Jordán^c, fue oída la voz del Padre, que decía: *Este es mi Hijo amado*; el Hijo fue visto en el agua, y el Espíritu Santo se manifestó en forma de paloma. Además, en el bautismo de todos los creyentes fue instituida por Cristo esta fórmula^d: *Bautizándolos en el nombre del Padre, y del Hijo, y del Espíritu Santo.* En el Evangelio de Lucas, el ángel Gabriel dice a María, la madre del Señor, lo siguiente: *El Espíritu Santo vendrá sobre tí, y el poder del Altísimo te cubrirá con su sombra; por lo cual también el Santo Ser que nacerá, será llamado Hijo de Dios^e.* Asimismo^f: *La gracia del Señor Jesucristo, el amor de Dios y la comunión del Espíritu Santo sean con todos vosotros.* Y^g: *Tres son los que dan testimonio en el cielo: el Padre, el Verbo y el Espíritu Santo; y estos tres son uno.* En todos estos lugares se nos enseña sobradamente, que hay tres Personas en una única esencia Divina^h. Y si bien esta doctrina excede en mucho la inteligencia humana, no obstante la creemos ahora por la Palabra, esperando hasta que gocemos del perfecto conocimiento y fruto de la misma en el cielo.

Además de esto, también hay que hacer notar los oficios y operaciones particulares de estas tres Personas con respecto a nosotros: el Padre es llamado nuestro Creador, por su poder; el Hijo es nuestro Salvador y Redentor, por su sangre; el Espíritu Santo es nuestro Santificador, por su morada en nuestros corazones.

Esta doctrina de la Santísima Trinidad ha sido siempre sostenida y mantenida en la Iglesia verdadera, desde los tiempos de los Apóstoles hasta ahora, contra los judíos, mahometanos y algunos falsos cristianos y herejes como Marción, Manes, Praxes, Sabelio, Samosato, Arrio y otros semejantes, los cuales fueron justamente condenados por los santos Padres. Por lo tanto, con respecto a este punto, aceptamos gustosamente los tres sumarios de fe, a saber, el de los Apóstoles, el de Nicea y el de Atanasio; así como también lo que fue resuelto por los antiguos en conformidad con estos sumarios.

a. Gn. 1:26-27.— b. Gn. 3:22.— c. Mt. 3:16-17.— d. Mt. 28:19.— e. Lc. 1:35.— f. 2 Cor. 13:14.— g. 1 Jn. 5:7.— h. Hch. 2:32-33; 1 Pe. 1:2; 1 Jn. 4:13-14; Gál. 4:6; Ef. 3:14-16; Tit. 3:4-6; Jds. 1:20-21; Rom. 8:9; Hch. 10:38; 8:29,37; Jn. 14:16.

Artículo 10

Creemos que Jesucristo, según la naturaleza Divina, es el unigénito Hijo de Dios[a], engendrado desde la eternidad; no hecho, ni creado (porque de esta manera sería una criatura); sino coesencial con el Padre, coeterno, la imagen expresa de la substancia del Padre y el resplandor de su gloria[b], siéndole en todo igual[c]. El cual es Hijo de Dios[d], no sólo desde el momento que tomó nuestra naturaleza, sino desde toda la eternidad[e]; según nos enseñan estos testimonios al ser comparados entre sí: Moisés dice[f], que Dios creó el mundo, y san Juan dice[g], que todas las cosas fueron creadas por el Verbo, al cual llama Dios; el apóstol dice[h], que Dios hizo el mundo por su Hijo; también[i], que Dios ha creado todas las cosas por Jesucristo; de manera que aquel que es llamado Dios, el Verbo, el Hijo y Jesucristo, ya era, cuando todas las cosas fueron creadas por El. Y por eso el profeta Miqueas, dice[j]: *Sus salidas son desde el principio, desde los días de la eternidad.* Y el apóstol: *Ni tiene principio de días, ni fin de vida.* Así pues, El es el Dios verdadero y eterno, aquél Todopoderoso, al que invocamos, adoramos y servimos.

a. Jn. 1:18;1:34;1:14— b. Col. 1:15; Heb. 1:3.— c. Jn. 10:30; Is. 7:14; Rom. 9:5; 2 Cor. 5(:19),20; Hch. 20:21; Rom. 14:18; Jn. 14:9; Tit. 2:10; 1 Cor. 10:9.— d. Mt. 3:17; 17:5; Jn. 8:(24),54; 1 Tes. 3:11; Flp. 2:11; Heb. 1:1,2; 3:3,4; 1 Jn. 5:5; Jn. 20:31; 7:29; Ap. 1:6; Gál. 4:4; Sal. 2:7-12.— e. Jn. 8:58; 17:5; Heb. 13:8.— f. Gn. 1:1.— g. Jn. 1:3; Heb. 11:3.— h. Col. 1:(15),16.— i. Ef. 3:(1-4); 8-9; 1 Cor. 8:6.— j. Miq. 5:2.

Artículo 11

Asimismo creemos y confesamos, que el Espíritu Santo procede eternamente del Padre y del Hijo; no siendo hecho, ni creado, ni tampoco engendrado, sino sólo procediendo de ambos; el cual, en orden, es la tercera Persona de la Trinidad; de una sola misma esencia, majestad y gloria con el Padre y el Hijo; siendo verdadero y eterno Dios, como nos enseñan las Sagradas Escrituras[a].

a. Gen. 1:2; Sal. 33:6; Is. 32:15; Jn. 15:26; Sal. 104:30; Jn. 14:16; 14:26; Mt. 28:19; Rom. 8:9; Cor. 3:16; 6:11; Hch. 5:3.

Artículo 12

Creemos, que el Padre, por su Verbo, es decir, por su Hijo, ha creado[a] de la nada el cielo, la tierra, y todas las criaturas, cuando a El le pareció bien, dando a cada criatura su ser, figura y forma, y distintos oficios para servir a su Creador. Que El también ahora las mantiene y gobierna a todas según su providencia eterna y por su poder infinito, para que sirvan al hombre, a fin de que éste sirva a su Dios. El también creó buenos a los ángeles para ser sus mensajeros y para servir a sus elegidos[b]; algunos de los cuales, de aquella excelencia en la que Dios les había creado, han caído en la condenación eterna[c], y los otros, por la gracia de Dios, han perseverado en su primer estado y no han caído. Los demonios y los espíritus malignos se pervirtieron de tal manera que son enemigos de Dios y de todo lo bueno; y según toda su capacidad están acechando a la Iglesia y a cada uno de los miembros de ésta, para pervertir y destruir todo por medio de sus engaños; y por eso, por su propia maldad son condenados a condenación eterna, esperándoles diariamente sus terribles tormentos[d].

De modo que reprobamos y rechazamos en esto el error de los saduceos, quienes niegan que hay espíritus y ángeles[e]; y asimismo los errores de los maniqueos, los cuales dicen que los demonios tienen su origen de sí mismos, siendo malos de su propia naturaleza, sin que se hayan pervertido.

a. Sal. 100:3; Am. 4:13; Jer. 32:17; Is. 40:26; Col. 1:16; 1 Tim. 4:3; Heb. 3:4; Ap. 4:11; 11:(16),17.— b. Heb. 1:14; Sal. 103:21; 34:7; Mt. 4:11.— c. Jn. 8:44; 2 Pe. 2:4; Lc. 8:31; Mt. 4:11.— d. Mt. 25:41.— e. Hch. 23:8.

Artículo 13

Creemos, que ese buen Dios, después que hubo creado todas las cosas, no las ha abandonado[a] ni las ha entregado al acaso o al azar, sino que las dirige y gobierna[b] según su santa voluntad de tal manera que nada acontece en este mundo sin su ordenación[c], con todo eso, sin embargo, Dios no es autor ni tiene culpa del pecado que sucede[d]. Porque su Poder y Bondad son tan grandes e incomprensibles, que El muy bien y con justicia dispone y ejecuta su obra, incluso cuando los demonios y los inicuos obren injustamente[e]. Y referente a lo que El hace fuera del alcance de la inteligencia humana[f], eso mismo no lo queremos investigar más curiosamente de lo que nuestra razón puede soportar; sino que aceptamos con toda humildad y reverencia los justos juicios de Dios, los cuales nos están ocultos; teniéndonos por satisfechos con que somos discípulos de Cristo para aprender únicamente lo que El nos indica en su Palabra, sin traspasar estos límites. Esta enseñanza nos da un consuelo inexpresable, cuando por ella aprendemos que nada nos puede acontecer por casualidad, sino por la disposición de nuestro misericordioso Padre Celestial que vela por nosotros con cuidado paternal, sujetando a todas las criaturas bajo su dominio[g], de tal manera que ni un solo cabello de nuestra cabeza (pues están todos contados), ni un solo pajarillo puede caer sobre la tierra sin la voluntad de nuestro Padre[h]. De lo cual nos fiamos, sabiendo que El reprime a los demonios y a todos nuestros enemigos, los cuales no nos pueden perjudicar[i] sin Su permiso y voluntad. Y en esto reprobamos el execrable error de los epicúreos que dicen, que Dios no se inmiscuye en nada, y deja acontecer casualmente las cosas.

a. Jn. 5:17.— b. Heb. 1:3.— c. Prov. 16:1; Ef. 1:11; Sant. 4:13-15.— d. Sant. 1:13.— e. Job. 1:21; 2 Re. 22:20; Hch. 4:28; Hch. 2:23; Sal. 105:25; Is. 10:5; 2 Tes. 2:11.— f. 1 Sam. 2:25; Sal. 115:3; Is. 45.7, Am. 3.6, 2 Tes. 2:11; Ez. 14:9; Rom. 1:28; 1 Re. 11:23.— g. Prov. 21:1.— h. Mt. 10:29-30.— i. Gn. 45:8; 50:20; 2 Sam. 16:10; Mt. 8:31; Sal. 5:4; 1 Jn. 3:8.

Artículo 14

Creemos, que Dios ha creado al hombre del polvo de la tierra[a], y lo ha hecho y formado según Su imagen y semejanza[b], bueno, justo y santo[c]; pudiendo con su voluntad convenir en todo con la voluntad de Dios. Pero cuando anduvo en honor, no lo entendió él así[d], ni reconoció su excelencia, sino que por propia voluntad se sometió a sí mismo al pecado, y por ende a la muerte y a la maldición, prestando oídos a las palabras del diablo[e]. Pues transgredió el mandamiento de vida que había recibido, y por el pecado se separó de Dios que era su vida verdadera; habiendo pervertido toda su naturaleza; por lo cual se hizo culpable de la muerte física y espiritual[f]. Y habiéndose hecho impío, perverso y corrompido[g] en todos sus caminos, ha perdido todos los excelentes dones que había recibido de Dios, no quedándole de ellos más que pequeños restos, los cuales son suficientes para privar al hombre de toda excusa; ya que toda la luz que hay en nosotros, se ha trocado en tinieblas[h], como nos enseña la Escritura, diciendo: *La luz en las tinieblas resplandece, y las tinieblas no prevalecieron contra ella*[i]; aquí San Juan llama *tinieblas* a los hombres. Por lo cual rechazamos todo lo que contra esto se enseña sobre el libre albedrío del hombre, toda vez que el hombre no es más que un esclavo del pecado[j], y no puede aceptar ninguna cosa, si no le es dado del cielo[k]. Porque, ¿quién hay que se gloríe de poder hacer algo bueno como de sí mismo, dado que Cristo dice: *Ninguno puede venir a mí, si el Padre que me envió no le trajere*[l]? ¿Quién sacará a relucir su voluntad, puesto que ésta comprende que *la mente carnal es enemistad contra Dios*[m]? ¿Quién hablará de su ciencia, siendo así que *el hombre natural no percibe las cosas que son del Espíritu de Dios*[n]? Para abreviar, ¿quién sugerirá idea alguna, si comprende que *no somos competentes por nosotros mismos para pensar algo como de nosotros mismos, sino que nuestra competencia proviene de Dios*[n]? Y por eso, lo que dice el apostol, con razón debe tenerse por cierto y seguro, esto es, que *Dios es el que en vosotros produce así el querer como el hacer, por su buena voluntad*[o]. Porque no hay entendimiento ni voluntad conformes al entendimiento y la voluntad de Dios, si Cristo no los ha obrado en el hombre; lo cual nos lo enseña El diciendo: *Porque separados de mí nada podéis hacer*[p].

a. Gn. 2:7;3:19; Ecl. 12:7.— b. Gn. 1:26,27.— c. Ef. 4:24.— d. Sal. 49:20.— e. Gn. 3:1-6; Rom. 5:12-21.— f. Gn. 3:17,18; Ecl. 7:29; Rom. 5:12; Jn. 8:7; Rom. 2:12; 3:10; 8:6; Hch. 14:16; Rom. 1:(20),21.— g. Ef. 4:(17),18,19.— h. Ef. 5:8.— i. Jn. 1:5.— j. Sal. 94:11; Rom. 8:5.— k. Jn. 3:27; Sal. 28:8; Is. 45:25.— l. Jn. 6:44.— m. Rom. 8:7.— n. 1. Cor. 2:14.— ñ. 2 Cor. 3:5.— o. flp. 2:13.— p. Jn. 15:5.

Artículo 15

Creemos, que por la desobediencia de Adán el pecado original se ha extendido a toda la raza humana[a]; el cual es una depravación de toda la naturaleza y un defecto hereditario[b], con lo que aún los niños pequeños son contaminados en el seno de sus madres[c], y que producen en el hombre toda clase de pecados, estando en él como una raíz de estos últimos; y por eso, el pecado original es tan repugnante y abominado por Dios, que es suficiente para condenar a la generación humana. Y este pecado original no es del todo anulado, ni enteramente extirpado ni aun por el Bautismo, ya que de ahí surge siempre el pecado como corriente subterránea, al igual que de una fuente impura; si bien a los hijos de Dios no les es imputado para condenación, sino que les es perdonado por su Gracia y misericordia[d]; no para dormirse tranquilamente en el pecado, sino para que la sensación de esta corrupción haga a los creyentes gemir frecuentemente, deseando ser librados de este cuerpo de muerte. Y en esto rechazamos el error de los pelagianos que dicen, que este pecado no es sino de imitación.

a. Rom. 5:12; 5:14.— b. Rom. 3:10; Gn. 6:3.—c. Sal. 51:5; Jn. 3:6; Job. 14:4; Rom. 7:18,19.— d. Ef. 2:4,5.

Artículo 16

Creemos, que estando todo el linaje[a] de Adán en perdición y ruina por el pecado del primer hombre, Dios se mostró a sí mismo tal cual es, a saber: Misericordioso y Justo.
Misericordioso: porque saca y salva[b] de esta perdición a aquellos que El, en su Eterno e inmutable consejo[c], de pura misericordia[d], ha elegido en Jesucristo, nuestro Señor[e], sin consideración alguna a las obras de ellos[f]. Justo: Porque a los otros deja en su caída y perdición[g] en que ellos mismos se han arrojado.

a. Rom. 3:12,— b. Jn. 6:37; 6:44.— c. Dt. 32:8; Rom. 11:34,35; Jn. 10:29; (13,18); 18:9; 17:12.— d. Rom. 9:16; Mal. 1:2,3[a].— e. 2 Tm. 1:9; Tit. 3:4,5.— f. Rom. 11:5; 9:11.— g. 2 Tim. 2:20; Rom. 9:21; Mt. 15:24.

Artículo 17

Creemos, que nuestro buen Dios, por su singular sabiduría y bondad, viendo que de esta manera el hombre se había arrojado a la muerte corporal y espiritual, y se había hecho totalmente miserable, pasó a buscarlo cuando temblando huía[a] de El, y le consoló prometiendo darle[b] a Su Hijo, el cual nacería de una mujer[c], a fin de quebrantar[d] la cabeza de la serpiente y hacerle bienaventurado.

a. Gn. 3:8,9.— b. Gn. 22:18.— c. Is. 7:14; Jn. 7:42; 2 Tim. 2:8; Heb. 7:14; Jn. (1:1); 1:14; Gál. 4:4.— d. Gn. 3:15.

Artículo 18

Confesamos, pues, que Dios consumó la promesa hecha a los antiguos padres por boca de sus santros profetas[a], enviando al mundo, en el tiempo por El determinado, a Su único, unigénito y eterno Hijo. El cual tomó forma de siervo[b], y se hizo semejante a los hombres, tomando realmente una verdadera naturaleza humana[c] con todas sus debilidades (excepto el pecado[d]), siendo concebido en el seno de la bienaventurada virgen María por el poder del Espíritu Santo, sin intervención de varón[e]. Y no solamente tomó la naturaleza humana en lo que al cuerpo se refiere, sino que también tomó una verdadera alma humana, a fin de que El fuese un verdadero hombre. Pues, ya que tanto el alma como el cuerpo estaban perdidos, así era necesario que El tomara los dos para salvarlos a ambos. Por eso confesamos (contra la herejía de los anabaptistas, quienes niegan que Cristo tomó carne humana de su madre), que Cristo tomó la misma carne y sangre que los niños[f]; que El es el fruto de los lomos de David, según la carne[g]; nacido del linaje de David según la carne[h]; fruto del seno de María[i]; nacido de mujer[j]; vástago de David[k]; retoño del tronco de Isaí[l]; brotado de la tribu de Judá[m]; descendiente de los judíos, según la carne[n]; de la simiente de Abraham[ñ], porque echó mano de la simiente de Abraham[o], y fue hecho semejante a sus hermanos en todo, excepto el pecado[p]; así que El es en verdad nuestro Emanuel, esto es, *Dios con nosotros*[q].

a. Lc. 1:54,55, Gn. 26:4; 2 Sam. 7:12; Sal. 132:11; Hech. 13:23.— b. Flp. 2:7.— c. 1 Tim. 3:16; 2:5; 2 Sam. 7:12 y Sal. 132:11.— d. 1 Cor. 12:3.— e. Lc. 1:35.— f. Heb. 2:14.— g. Hch. 2:30. —h. Rom. 1:3.— i. Lc. 1:42.— j. Gál. 4:4.— k. Jer. 33:15.—l. Is. 11:1.— m. Heb. 7:14.— n. Rom. 9:5; ñ. Gál. 3:16.— o. Heb. 2:16.— p. Heb. 2:17; 4:15.— q. Mt. 1:(16),23.

Artículo 19

Creemos, que por esta concepción, la Persona del Hijo está insepara-
blemente unida y juntamente ensamblada a la naturaleza humana;
de manera que no hay dos Hijos de Dios, ni dos personas, sino dos
naturalezas, unidas en una sola Persona[a]; pero cada naturaleza conservando sus propiedades distintas.

Así pues, como la naturaleza Divina siempre ha subsistido increada,
sin principio de días o fin de vida, llenando cielo y tierra [b], así la naturaleza humana no ha perdido sus propiedades, sino que ha permanecido siendo una criatura, teniendo principio de días, siendo una
naturaleza finita y conservando todo lo que corresponde a un cuerpo
verdadero. Y, si bien por su resurrección El le ha dado inmortalidad,
sin embargo El no ha cambiado la realidad de su naturaleza humana[c], por cuanto nuestra salvación y resurrección penden de la verdad
de Su cuerpo. Mas, estas dos naturalezas están de tal manera unidas
en una sola Persona, que ni aun por la muerte han sido separadas. De
modo que, lo que El, al morir, encomendó en manos de su Padre era
un verdadero espíritu humano que salía de su cuerpo[d]; pero, entretanto, la naturaleza Divina permaneció siempre unida a la humana[e],
incluso cuando El yacía en el sepulcro; y la Deidad no cesó de estar en
El, tal como estuvo en El cuando era un niño pequeño, aunque por
un breve tiempo ella no se reveló así. Por eso reconocemos, que El es
verdadero Dios y verdadero hombre: verdadero Dios, para vencer con
su poder a la muerte, y verdadero hombre, para que el pudiera morir
por nosotros en la debilidad de su carne.

a. Jn. 10:30; Ef. 4:8-10; Heb. 1:3.— b. Mt. 28:20.— c. Mt. 26:11; Hch. 1:11;
3:21.— d. Mt. 27:50.— e. Lc. 24:39; Jn. 20:25; Hch. 1:3.

Artículo 20

Creemos, que Dios que es perfectamente misericordioso y justo ha
enviado a Su Hijo para tomar la naturaleza[a] en la cual se había cometido la desobediencia, a fin de satisfacer y llevar en ella el castigo de
los pecados por medio de su amarga pasión y muerte. Así, pues, ha
demostrado Dios su justicia contra Su Hijo cuando cargó sobre El[b]
nuestros pecados; y ha derramado su bondad y misericordia sobre nosotros que éramos culpables y dignos de condenación, entregando Su

Hijo a la muerte por nosotros, movido por un amor muy perfecto, y resucitándole para nuestra justificación[c], para que por El tuviéramos la inmortalidad y la vida eterna.

a. Heb. 2:14; Rom. 8:3.— b. Rom. 8:32.— c. Rom. 4:25.

Artículo 21

Creemos, que Jesucristo es el eterno Sumo Sacerdote, con juramento, según el orden de Melquisedec[a], y se ha puesto en nuestro nombre ante el Padre para apaciguar su ira con plena satisfacción; inmolándose a sí mismo en el madero de la cruz, y derramando su preciosa sangre para purificación de nuestros pecados[b], como los profetas habían predicho. Porque escrito está: *el castigo de nuestra paz fue sobre él, y por su llaga fuimos nosotros curados*[c]; *como cordero fue llevado al matadero*[d], *y fue contado con los pecadores*[e]; y como malhechor fue condenado por Poncio Pilato, aunque éste le había declarado inocente[f]. Así, pues, *se han hecho poderosos mis enemigos, los que me destruyen sin tener por qué*[g] y *Cristo padeció una sola vez por los pecados, el justo por los injustos*[h], y esto, tanto en su cuerpo como en su alma[i], sintiendo el terrible castigo que nuestros pecados habían merecido, tanto que su sudor fue cayendo en gotas de sangre sobre la tierra[j]. El clamó: *Dios mío, Dios mío, ¿ por qué me has desamparado?*[k]; y ha padecido todo esto para el perdón de nuestros pecados. Por lo cual, con razón decimos con Pablo: *me propuse no saber entre vosotros cosa alguna sino a Jesucristo, y a éste crucificado*,... *aun estimo todas las cosas como pérdida por la excelencia del conocimiento de Cristo Jesús, mi Señor*[m]; hallamos toda clase de consuelo en sus heridas, y no necesitamos buscar o inventar algún otro medio para reconciliarnos con Dios, sino solamente Su ofrenda: *porque con una sola ofrenda hizo perfectos para siempre a los santificados* [n]. Esta es también la causa por la que fue llamado Jesús por el ángel de Dios: *Salvador, porque él salvará a su pueblo de sus pecados*[ñ].

a. Sal. 110:4; Heb. 5:10.— b. Rom 5:8,9; Heb. 9:12; Jn.3:16; 1 Tim. 1:15; Flp. 2:8; 1 Pe. 1:18,19.— c. Is. 53:5; 1 Pe. 2:24.— d. Is. 53:7.— e. Is. 53:12; Mt.15:28.—; f. Jn. 18:38 — g. Sal. 69:4.— h. 1 Pe. 3:18; Ex. 12:6; Rom. 5:6.— i. Sal. 22:15; Dan. 9:26.— j. Lc. 22:44.— k. Mt. 27:46.— l. 1 Cor. 2:2.— m. Flp. 3:8.— n. Heb. 9:25-28; 10:14.— ñ. Mt. 1:21; Hch. 4:12; Lc. 1:31.

Artículo 22

Creemos que, para obtener verdadero conocimiento de este gran misterio, el Espíritu Santo enciende en nuestros corazones una fe sincera[a], la cual abraza a Jesucristo con todos Sus méritos, se lo apropia, y fuera de El ya no busca ninguna otra cosa[b]. Porque necesariamente tiene que concluirse, o que no todo lo que es necesario para nuestra salvación se halla en Jesucristo, o que, si todo está en El, aquel que posee por la fe a Jesucristo, tiene en El su salvación completa[c]. De modo que, si se dijera que Cristo no es suficiente, por cuanto que además de El es aun necesario algo más, sería una blasfemia porque de ahí se seguiría, que Cristo es solamente un Salvador a medias. Por eso, justamente decimos con el apóstol Pablo, que *el hombre es justificado sólo por la fe o por la fe sin las obras*[d]. Sin embargo, no entendemos que sea la fe misma la que nos justifica[e], pues ella es solamente un medio por el cual abrazamos a Cristo, nuestra justicia. Mas Jesucristo, imputándonos todos sus méritos y las obras santas que El ha hecho por nosotros y en nuestro lugar, es nuestra justicia[f]; y la fe es un instrumento que nos mantiene con El en la comunión de todos Sus bienes, los cuales, siendo hechos nuestros, nos son más que suficientes para la absolución de nuestros pecados.

a. Sal. 51:6;Ef. 1:(16),17,18; 1 Tes.1:6; 1 Cor. 2:12.— b. Gál. 2:21.— c. Jer. 23:6; 51:10; 1 Cor. 15:3; Mt. 1:21; Rom. 8:1; Hch. 13:26; Sal. 32:1.— d. Rom. 3:20,28; Gál. 2:16; Heb. 7:19; Rom.10:3,4; 10:9; 4:5; 3:24,27; Flp.3:9; Rom. 4:2.— e. 1 Cor. 4:7.— f. Rom. 8:29,33.

Artículo 23

Creemos, que nuestra bienaventuranza radica en el perdón de nuestros pecados por voluntad de Jesucristo, y que en esto está comprendida nuestra justicia ante Dios[a]; como David y Pablo nos enseñan, declarando: que la bienaventuranza del hombre es que Dios le imputa la justicia sin las obras[b]. Y este mismo apóstol dice: *siendo justificados gratuitamente por su gracia, mediante la redención que es en Cristo Jesús* (Rom. 3:24). Y por esto, nos asimos siempre a este fundamento, dando todo el honor a Dios[c], humillándonos y reconociéndonos tales cual somos, sin vanagloriarnos de nosotros mismos o de nuestros méritos[d], apoyándonos y descansando tan sólo en la obediencia de Cristo crucificado[e], la cual es la nuestra propia si creemos en El. Esta es suficiente para cubrir todas nuestras iniquidades, y darnos confianza, librando la conciencia de temor, asombro y espanto para llegar a Dios, sin hacer como nuestro primer padre Adán, quien, temblando, pretendía cubrirse con hojas de higuera[f]. Por cierto, si tuviéramos que comparecer ante Dios confiando en nosotros mismos o en cualquiera otra criatura —por poco que ésta fuese—, seríamos (por desgracia) consumidos[g]. Y por esto es por lo que cada uno debe decir con David: *Oh Jehová,...no entres en juicio con tu siervo; porque no se justificará delante de tí ningún ser humano*[h].

a. Heb. 11:7; 1 Jn. 2:1.— b. Ef. 2:8; 2 Cor. 5:19; 1 Tim. 2:6; Rom. 4:6.— c. Ez. 36:22,32.— d. Dt. 27:26; Santg. 2:10; 1 Cor. 4:4.— e. Hch. 4:12; Sof. 3:11,12; Heb. 10:20.— f. Gn. 3:7.— g. Lc. 16:15; Sal. 18:27.— h. Sal. 143:2.

Artículo 24

Creemos, que esta fe verdadera, habiendo sido obrada en el hombre por el oir de la Palabra de Dios[a] y por la operación del Espíritu Santo, le regenera, le hace un hombre nuevo, le hace vivir en una vida nueva[b], y le libera de la esclavitud del pecado[c]. Por eso, lejos está de que esta fe justificadora haga enfriar a los hombres de su vida piadosa y santa[d], puesto que ellos, por el contrario, sin esta fe nunca harían nada por amor a Dios[e], sino sólo por egoismo propio y por temor de ser condenados. Así, pues , es imposible que esta santa fe sea vacía en el hombre; ya que no hablamos de una fe vana, sino de una fe tal, que la Escritura la llama: *la fe que obra por el amor*[f], y que mueve al hombre a ejercitarse en las obras que Dios ha mandado en su Palabra [g], las cuales, si proceden de la buena raíz de la fe, son buenas y agradables a Dios, por cuanto todas ellas son santificadas por Su gracia[h]. Antes de esto, no pueden ser tenidas en cuenta para santificarnos; porque es por la fe en Cristo que somos justificados, aun antes de hacer obras buenas; de otro modo no podrían ser buenas, como tampoco el fruto de un árbol puede ser bueno, a menos que el árbol mismo lo sea[i]. Así, pues, hacemos buenas obras, pero no para merecer (pues, ¿qué mereceríamos?); sí, aun por las mismas buenas obras que hacemos, estamos en deuda con Dios, y no El con nosotros[j], puesto que *Dios es el que en vosotros produce así el querer como el hacer, por su buena voluntad*[k]. Prestemos, pues, atención a lo que está escrito: Cuando hayáis hecho todo lo que os ha sido ordenado; decid: *Siervos inútiles somos, pues lo que debíamos hacer, hicimos*[l]. Sin embargo, no queremos negar que Dios premie las buenas obras[m]; pero es por

Su gracia que El corona sus dávidas[n]. Además, a pesar de que hagamos buenas obras, no fundamos por ello nuestra salvación en ellas; porque no podemos hacer obra alguna, sin estar contaminada por nuestra carne, y ser también punible; y aunque pudiéramos producir alguna, el recuerdo de un solo pecado bastaría para que Dios la desechase. De este modo, pues, estaríamos siempre en deuda, llevados de aquí para allá, sin seguridad alguna[n], y nuestras pobres conciencias estarían siempre torturadas, si no se fundaran sobre los méritos de la pasión y muerte de nuestro Salvador[o].

a. Rom. 10:17.—b. Ef.2:4,5.—c. Jn. 8:36.— d. Tit. 2:12.— e. Heb. 11:6; 1 Tim. 1:5.— f. Gál. 5:6.— g. Tit. 3:8; Rom. 9:(31),32.— h. Rom. 14:23; Heb. 11:4.— i. Mt. 7:17.— j. 1 Cor. 4:7.— k. Flp. 2:13; Is. 26:12.— l. Lc. 17:10.— m. Rom.2:6,7; 2 Jn. 8.— n. Is. 64:6.— ñ. Rom. 11:5.— o. Rom. 10:11; Hab. 2:4.

Artículo 25

Creemos, que las ceremonias y figuras de la Ley han terminado con la venida de Cristo, y que todas las sombras han llegado a su fin[a]; de tal modo, que el uso de las mismas debe ser abolido entre los cristianos; no obstante, nos queda la verdad y la substancia de ellas en Cristo Jesús[b], en quien tienen su cumplimiento. Entretanto, usamos aún sus testimonios, tomados de la Ley y de los profetas[c], para confirmarnos en el Evangelio[d], y también para regular nuestra vida en toda honestidad, para honor de Dios, según su voluntad.

a. Rom. 10:4.— b. Gál. 3:24; Col. 2:17.— c. 2 Pe. 1:19; 3:2.— d. 2 Pe. 3:18.

Artículo 26

Creemos, que no tenemos ningún acceso a Dios sino sólo por el único[a] Mediador y Abogado: Jesucristo, el Justo[b]; quien a este objeto se hizo hombre, uniendo las naturalezas divina y humana, para que nosotros los hombres tuviésemos acceso a la Majestad Divina[c]; de otra manera, ese acceso nos estaría vedado[d]. Pero este Mediador que el Padre nos ha dado entre El y nosotros no debe asustarnos por su grandeza, de modo que nos busquemos otro según nuestro propio criterio[e]. Porque no hay nadie, ni en el cielo ni en la tierra, entre las criaturas, que nos ame más que Jesucristo[f]; *el cual, siendo en forma de Dios,...se despojó a sí mismo, tomando forma de siervo, hecho semejante a los hombres*, y esto por nosotros, haciéndose *en todo semejante a sus hermanos*[g].

Si nosotros ahora tuviésemos que buscar otro Mediador que nos fuere favorable, ¿a quién podríamos hallar que nos amara más que El, que dio su vida[h] por nosotros, siendo enemigos[i]?. Y, si buscamos a uno que tenga poder y goce de consideración, ¿quién hay que tenga tanto de ambas cosas, como aquel que se sentó a la diestra de Dios[j], y que dice: *Toda potestad me es dada en el cielo y en la tierra* [k]?. Y ¿quién será oído[l], antes que el propio bien amado Hijo de Dios? De modo que sólo por desconfianza se ha introducido este uso que deshonra a los santos en vez de honrarles, haciendo lo que ellos nunca hicieron ni desearon[m], sino que lo han rechazado constantemente como era su sagrado deber, según demuestran sus escritos[n]. Y aquí no se tiene que aducir, que seamos dignos; porque aquí no se trata de nuestra dignidad al presentar[ñ] nuestras oraciones, sino que las presentamos fundándonos únicamente sobre la excelencia y dignidad de nuestro Señor Jesucristo[o], cuya justicia es la nuestra mediante la fe. Por eso, el apóstol, queriendo librarnos de este necio recelo, o mejor aún, de esta desconfianza, nos dice que Jesucristo *debía ser en todo semejante a sus hermanos, para venir a ser misericordioso y fiel sumo sacerdote en lo que a Dios se refiere, para expiar los pecados del pueblo. Pues en cuanto él mismo padeció siendo tentado, es poderoso para socorrer a los que son tentados*[p]. Y luego, para infundirnos más valor para ir a El, nos dice: *Por tanto, teniendo un gran sumo sacerdote que traspasó los cielos, Jesús el Hijo de Dios, retengamos nuestra profesión. Porque no tenemos un sumo sacerdote que no pueda compadecerse de nuestras debilidades, sino uno que fue tentado en todo según nuestra semejanza, pero sin pecado. Acerquémonos, pues, confiadamente al trono de la gracia, para alcanzar misericordia y hallar gracia para el oportuno socorro*[q]. El mismo apóstol, dice: *teniendo libertad para entrar en el Lugar Santísimo por la sangre de Jesucristo,...acerquémonos* —dice— *...en plena certidumbre de fe*[r], etc. Y, asimismo: *Por lo cual puede también salvar perpetuamente a los que por él se acercan a Dios, viviendo siempre para interceder por ellos*[s]. ¿Qué más falta?, ya que Cristo mismo declara: *Yo soy el camino, y la verdad, y la vida; nadie viene al Padre, sino por mí* [t]. ¿A qué buscar otro abogado, siendo que a Dios le agradó darnos a Su Hijo como Abogado? No le abandonemos a El para tomar a otro[u]; o lo que es más, para buscar a otro, sin poderlo encontrar jamás; porque cuando Dios nos lo dio, sabía muy bien que nosotros éramos pecadores. Por eso, según el mandato de Cristo, invocamos al Padre Celestial por medio

91

de Cristo, nuestro único Mediador[v], conforme hemos aprendido en la oración del Señor[w]; estando seguros, que cuanto pidiéramos al Padre en su nombre, nos será dado[x].

a. 1 Tim. 2:5.— b. 1 Jn. 2:1.—c. Ef. 3:12.— d. Rom. 8:26.— e. Jer.2:11; 16:20.— f. Ef. 3:19; Mt. 11:28.— g. Flp. 2:6,7; Heb. 2:17[a].— h. Jn. 15:13.— i. Rom. 5:8.— j. Heb. 1:3.— k. Mt. 28:18.— l. Sant. 5:17,18.— m. Sal. 115:1.— n. Hch. 14:(14),15.— ñ. Jer. 17:5.— o. Jer. 17:7; 1 Cor. 1:30.— p. Heb. 2:17,18.— q. Heb. 4:14-16.— r. Heb. 10:19,22.— s. Heb. 7:24,25.— t. Jn. 14:6.— u. Sal. 44:20.— v. 1 Tim. 2:5; 1 Jn.2:1; Heb. 13:15.— w. Lc. 11:2-4.— x. Jn. 14:13.

Artículo 27

Creemos y confesamos una única Iglesia Católica o universal[a], la cual es una santa congregación[b] de los verdaderos creyentes en Cristo[c], quienes toda su salvación la esperan en Jesucristo[d], siendo lavados por su sangre, y santificados y sellados por el Espíritu Santo[e]. Esta Iglesia ha sido desde el principio del mundo, y será hasta el fin[f]; deduciéndose, según esto, que Cristo es un Rey eterno[g] que no puede estar sin súbditos. Y esta santa Iglesia es guardada por Dios, sostenida[h] contra el furor del mundo entero[i]; si bien, a veces, durante algún tiempo ella parece a los ojos de los hombres haber venido a ser muy pequeña y quedar reducida a una apariencia[j]; así como el Señor, durante el peligroso reinado de Acab, retuvo para sí a siete mil almas que no doblaron sus rodillas ante Baal[k]. Esta santa Iglesia tampoco está situada, sujeta o delimitada a cierto lugar o a ciertas personas, sino que se halla esparcida y extendida por todo el mundo; estando, sin embargo, ensamblada y reunida[l] con el corazón y la voluntad en un mismo Espíritu, por el poder de la fe.

a. Gn. 22:18.— b. Jn. 10:3,4,14,16.— c. Hch. 2:21.— d. Lc. 17:21.— e. 2 Tim. 2.19.— f. Jer. 31.36.— g. 2 Sam. 7:16; Sal. 110:4; 89:36; Mt. 28:18-20.— h. Sal. 102:13.— i. Sal. 46:5; Mt. 16:18.— j. 1 Pe. 3:20; Is. 1:9.— k. 1 Re. 19:18.— l. Hch. 4:32; Ef. 4:3,4.

Artículo 28

Creemos —toda vez que esta santa congregación[a] es una reunión[b] de los que son salvos, y que fuera de ella no hay salvación—, que nadie, de cualquier condición o cualidad que sea, debe permanecer aislado para valerse por su propia persona; sino que todos están obligados a ella y reunirse con ella; manteniendo la unidad de la Iglesia, sometiéndose a su enseñanza y disciplina, inclinándose bajo el yugo de Jesucristo[c], y sirviendo a la edificación de los hermanos[d], según los dones que Dios les ha otorgado, como miembros entre sí de un mismo cuerpo. Para que esto se pudiera observar mejor, es deber de todos los creyentes —según la Palabra de Dios— separarse de aquellos que no son de la Iglesia[e], y unirse a esta congregación[f] en cualquier lugar donde Dios la haya establecido; aún en el caso que los magistrados y los edictos de los Príncipes estuviesen en contra de ello[g], y que la muerte o algún otro castigo corporal pendiese de eso mismo[h]. Por lo tanto, todos aquellos que se separan de ella o que no se unen a ella, obran contra lo establecido por Dios.

a. Heb. 2:11,12.— b. Sal. 22:22.— c. Mt. 11:28-30.— d. Ef. 4:12.—e. Is.49:22; 52:11,12; Ap. 17:2; 18:4.— f. Heb. 10:25.— g. Hch. 4:17.— h. Hch. 4:19.

Artículo 29

Creemos, que por medio de la Palabra de Dios se ha de distinguir diligentemente y con buena prudencia, cuál sea la Iglesia verdadera[a]; puesto que todas las sectas existentes hoy día en el mundo se cubren con el nombre de Iglesia[b]. No hablamos aquí de la compañía de los hipócritas[c], los cuales se hallan en la Iglesia entremezclados con los buenos y, sin embargo, no son de la Iglesia, si bien corporalmente están en ella; sino que decimos, que el cuerpo y la comunión de la Iglesia verdadera se han de distinguir de todas las sectas que dicen que son la Iglesia. Los signos para conocer la Iglesia verdadera son estos: la predicación pura del Evangelio[d]; la administración recta de los Sacramentos[e], tal como fueron instituidos por Cristo; la aplicación de la disciplina cristiana, para castigar los pecados[f]. Resumiendo: si se observa una conducta de acuerdo a la Palabra pura de Dios[g], desechando todo lo que se opone a ella, teniendo a Jesucristo por la única Cabeza[h]. Mediante esto se puede conocer con seguridad a la Iglesia verdadera, y a nadie le es lícito separarse de ella. Y respecto a los que son de la Iglesia, a éstos se les puede conocer por las señales características de los cristianos, a saber: por la fe, y cuando, habiendo aceptado al único Salvador Jesucristo[i], huyen del pecado[j] y siguen la justicia, aman al verdadero Dios y a sus prójimos, no se apartan ni a derecha ni a izquierda, y crucifican la carne[k] con las obras de ella. No es que ya no haya grandes debilidades en ellos[l], sino que luchan contra ellas todos los días de su vida por medio del Espíritu, amparándose[m] constantemente en la sangre, muerte, dolor y obediencia del Señor Jesús, en quien tienen el perdón de sus pecados, por la fe en El. En cuanto a la falsa iglesia, ésta se atribuye a sí misma y a sus ordenanzas más poder y autoridad[n] que a la palabra de Dios, y rehusa someterse al yugo de Cristo[n]; no administra los Sacramentos como lo ordenó Cristo en su palabra, sino que quita y agrega a ellos como mejor le parece; se apoya más en los hombres que en Cristo; persigue a aquellos que santamente viven según la Palabra de Dios[o], y a los que la reprenden por sus defectos, avaricia e idolatría[p]. Estas dos iglesias son fáciles de conocer, y de distinguir la una de la otra.

a. Mt.13:24-29,38.— b. Ap. 2:9.— c. Rom. 9:6; 2 Tim. 2:18-20.— d. Gál. 1:8.— e. 1 Cor.11:20,27.— f. 1 Cor. 5:13.—b. 1 Tes. 5:14; 2 Tes. 3:6,14; Tit. 3:10.— g. Ef. 2:20; Col. 1:23; Jn. 17:20; Hch. 17:11.— h. Jn. 18:37; Jn. 10:4,14; Ef. 1:22; Mt. 28:18-20.— i. 1 Jn. 4:2.— j. Rom. 6:2.— k. Gál. 5:24.— l. Rom. 7:(5),15; Gál. 5:17; m. Col. 1:12.— n. Col. 2:18b,19.— ñ. Col. 2:18a.— o.Ap. 2:9; Jn. 16:2.— p. Ap. 17:3.

Artículo 30

Creemos, que esta iglesia debe ser gobernada según la dirección espiritual que nuestro Señor nos enseñó en su Palabra; a saber, que debe haber Ministros o Pastores para predicar la Palabra de Dios y para administrar los Sacramentos[a]; que también haya Ancianos[b] y Diáconos[c] para formar juntamente con los Pastores el Consejo de la Iglesia; y por este medio observar la verdadera religión, y hacer que la buena doctrina tenga su curso; que también los transgresores sean castigados y refrenados; para que también los pobres y los afligidos sean ayudados y consolados según tengan necesidad[d]. Por este medio todas las cosas marcharán bien y ordenadamente en la Iglesia, cuando se elige a aquellas personas que son fieles, según la regla que de ello da san Pablo en la carta a Timoteo[e].

a. 1 Cor. 4:1,2; 2 Cor. 5:19; 15:10.— b. Tit. 1:5.— c. Hch. 6:2,3.— d. Hch. 15:25-28; 1 Cor. 16:1-3.— e. 1 Tim. 3:2-7; 3:8-12.

Artículo 31

Creemos, que los Ministros de la Palabra de Dios, Ancianos y Diáconos deben ser elegidos para sus oficios[a] por elección de la Iglesia[b], bajo la invocación del Nombre de Dios y con buen orden según enseña la Palabra de Dios[c]. Así, pues, cada uno debe cuidarse muy bien de no entrometerse por medios inconvenientes sino esperar el tiempo en que sea llamado por Dios[d], para que tenga testimonio de su llamamiento, y estar asegurado y cierto de que éste proviene del Señor. Referente a los Ministros de la Palabra, en cualquier parte que estén, tienen un mismo poder y autoridad, siendo todos ellos Ministros de Jesucristo[e], el único Obispo universal y la única Cabeza de la Iglesia[f]. Además, a fin de que las santas ordenanzas de Dios no sean lesionadas o tenidas en menos, decimos que cada uno debe tener en especial estima a los Ministros de la Palabra y a los Ancianos de la Iglesia[g], en razón del trabajo que desempeñan, llevándose en paz con ellos[h], sin murmuraciones, discordia o disensión, hasta donde sea posible.

a. Rom, 12:7,8.— b. Hch. 1:23; 6:2,3; 13:2;1 Cor. 12:28.— c. 1 Tim. 5:22; 4:14.— d. Heb. 5:4.— e. Hch. 26:16; Mt. 23:8-10.— f. Ef. 1:22.— g. 1 Cor. 3:8.— h. 1 Tes. 5:12,13; Heb. 13:17; 1 Tim. 3:13.

Artículo 32

Creemos además, que los que rigen las iglesias deben ver que es bueno y útil que instituyan y confirmen entre sí cierta ordenanza tendente a la conservación del cuerpo de la Iglesia[a], y que esto no obstante deben cuidar de no desviarse de lo que Cristo, nuestro único Maestro, ha ordenado[b]. Por esto, desechamos todo invento humano y todas las leyes que se quisieran introducir para servir a Dios, y con ellas atar y apremiar las conciencias en cualquier forma que ello fuese posible[c]. De manera, pues, que únicamente aceptamos aquello que es útil para fomentar y conservar la concordia y unidad, y mantener todo en la obediencia a Dios. Para lo cual se exige la excomunión o la disciplina eclesiástica, ejecutada según la Palabra de Dios, con todo lo que a ella esta ligado[d].

a. 1 Cor. 7:17.— b. Col. 2:6.— c. Mt. 15:9: Is. 29:13; Gál. 5:1.— d. Rom. 16:17; Mt. 18:17; 1 Cor. 5:5; 1 Tim. 1:20.

Artículo 33

Creemos, que nuestro buen Dios, atento a nuestra rudeza y flaqueza, nos ha ordenado los Sacramentos[a] para sellarnos sus promesas, y para ser prendas de la buena voluntad y gracia de Dios hacia nosotros, y también para alimentar y mantener nuestra fe[b]; los cuales unió a la Palabra del Evangelio[c] para presentar mejor a nuestros sentidos externos tanto lo que El nos da a entender en su Palabra, como lo que El hace interiormente en nuestros corazones[d], haciendo eficaz y firme en nosotros la salvación que El nos comunica. Son signos[e] visibles y sellos de algo interno e invisible, por medio de los cuales Dios obra en nosotros por el poder del Espíritu Santo. Así, pues, las señales no son vanas ni vacías, para engañarnos; porque Jesucristo es su verdad, sin el cual ellas no serían absolutamente nada. Además, nos contentamos con el número de Sacramentos que Cristo, nuestro Maestro, nos ha ordenado, los cuales no son más que dos, a saber: el Sacramento del Bautismo[f], y el de la Santa Cena de Jesucristo[g].

a. Rom. 4:11; Gn. 17:11; Ex. 12:13.— b. Col. 1:9,11.— c. Mt. 28:19.— d. Rom. 10:8,9.— e. Gn. 9:13.— f. Col. 2:11,(12 a); 1 Pe. 3:20; 1 Cor. 10:2; Mt. 28:19.— g. 1 Cor. 5:7.

Artículo 34

Creemos y confesamos, que Jesucristo, el cual es el fin de la Ley[a], por su sangre derramada ha puesto término a todos los demás derramamientos de sangre que se pudieran o quisieran hacer para propiciación y paga de los pecados; y que El, habiendo abolido la circuncisión que se hacía con derramamiento de sangre, en lugar de ésta ha ordenado el Sacramento del Bautismo[b], por el cual somos recibidos en la Iglesia de Dios, y separados de todos los otros pueblos y religiones extrañas, a fin de estarle a El totalmente consagrados, llevando su enseñanza y estandarte; y nos sirve de testimonio de que El será eternamente nuestro Dios, siéndonos un Padre clemente. Así pues El ha mandado bautizar a todos los suyos en el nombre del Padre, y del Hijo, y del Espíritu Santo, solamente con agua; dándonos con esto a entender, que así como el agua limpia la suciedad del cuerpo al ser derramada sobre nosotros, lo cual se ve en el cuerpo de aquel que recibe el Bautismo y lo rocía, así la sangre de Cristo hace lo mismo dentro[c] del alma al ser rociada por el Espíritu Santo[d], ser ésta purificada de sus pecados[e], y hacer que de hijos de ira seamos regenerados[f] en hijos de Dios. No es que esto suceda por el agua externa[g], sino por la aspersión de la preciosa sangre del Hijo de Dios[h]; el cual es nuestro Mar Rojo, a traves del cual debemos pasar[i], a fin de evitar las tiranías de Faraón, que es el diablo, y entrar en la tierra del Canaán espiritual. Así los ministros nos dan de su parte el Sacramento, y lo que es visible; pero nuestro Señor da lo que por el Sacramento es significado, a saber, los dones y gracias invisibles, lavando, purificando y limpiando nuestra alma[j] de todas las suciedades e injusticias, renovando nuestro corazón[k] y colmándolo de toda consolación, dándonos una verdadera seguridad de su bondad paternal, revistiéndonos del hombre nuevo[l], y desnudándonos del viejo con todas sus obras. Por esta razón, creemos, que quien desea entrar en la vida eterna debe ser bautizado una vez con el único Bautismo[m] sin repetirlo jamás[n]; porque tampoco podemos nacer dos veces. Mas este Bautismo es útil no sólo mientras el agua está sobre nosotros, sino también todo el tiempo de nuestra vida. Por tanto, reprobamos el error de los Anabaptistas, quienes no se conforman con un solo bautismo que una vez recibieron; y que además de esto, condenan el bautismo de los niños de creyentes; a los cuales nosotros creemos que se ha de bautizar y sellar con la señal del pacto, como los niños en Israel eran circuncidados en las mismas promesas[n] que fueron hechas a nuestros hijos. Y por cierto, Cristo ha derramado su sangre no menos para lavar a los niños de los creyentes, que lo haya hecho por los adultos[o]. Por lo cual, deben recibir la señal y el Sacramento de aquello que Cristo hizo por ellos; conforme el SEÑOR en la Ley mandó[p] participarles el Sacramento del padecimiento y de la muerte de Cristo, poco después que hubieran nacido, sacrificando por ellos un cordero, lo cual era un signo de Jesucristo. Por otra parte, el Bautismo significa para nuestros hijos lo mismo que la Circuncisión significaba para el pueblo judío; lo cual da lugar a que san Pablo llame al Bautismo "la circuncisión de Cristo"[q].

a. Rom. 10:4.— b. Mt. 28:19.— c. Jn. 19:34; 1 Jn. 5:6.— d. 1 Cor. 12:13; Mt. 3:11.— e. Heb. 9:(13),14; 1 Jn. 1:7; Hch. 22:16; Ap. 1:5b.— f. Tit. 3:5.— g. 1 Cor. 3:7; 1 Pe. 3:21.— h. 1 Pe. 1:2; 2 Pe.2:24.— i. Rom. 6:3.—j. Ef. 5:25,26; 1 Cor. 6:11.— k. Tit. 3:5.— l. Gál 3:27.— m. Mt. 28:19; Ef. 4:5.— n. Heb. 6:1,2a; Hch. 8:16,17.— ñ. Gn. 17:11,12; Mt. 19:14; Hch. 2:39.— o. 1 Cor. 7:14.— p. Lv. 12:6.— q. Col. 2:11.

Artículo 35

Creemos y confesamos, que nuestro Señor Jesucristo ha ordenado e instituido el Sacramento de la Santa Cena[a] para alimentar y sostener[b] a aquellos que ya ha regenerado e incorporado en su familia, la cual es la iglesia. Aquellos que han sido regenerados tienen ahora en sí dos clases de vida[c]: una corporal y temporal, que han traido de su primer nacimiento y es común a todos los hombres; otra espiritual y celestial, que les es dada en el segundo nacimiento, el cual se produce por la Palabra del Evangelio[d], en la comunión del cuerpo de Cristo; y esta vida no es común a todos, sino sólo a los elegidos de Dios. De este modo, Dios ha dispuesto, para mantenimiento de la vida corporal y terrenal, un pan terrenal y visible que sirve para ello y que es común a todos, de la misma manera que la vida. Pero, para mantener la vida espiritual y celestial que poseen los creyentes, El les ha enviado un pan vivo, que descendió del cielo[e], a saber, Jesucristo; este pan alimenta y sostiene[f] la vida espiritual de los creyentes, cuando El es comido, esto es: cuando El es apropiado y recibido por la fe, en el espíritu. A fin de representarnos este pan celestial y espiritual, Cristo ha dispuesto un pan terrenal y visible por Sacramento de Su cuerpo, y el vino por Sacramento de Su sangre[g], para manifestarnos, que tan ciertamente como recibimos el sacramento y lo tenemos en nuestras manos y lo comemos y bebemos con nuestra boca, por lo cual es conservada nuestra vida, así es de cierto también que recibimos en nuestra alma[h], para nuestra vida espiritual, por la fe (que es la mano y la boca de nuestra alma) el verdadero cuerpo y la sangre de Cristo, nuestro único Salvador. Ahora pues, es seguro e indudable, que Jesucristo no nos ha ordenado en vano los sacramentos. Pues, de este modo obra en nosotros todo lo que El nos pone ante los ojos por estos santos signos; si bien la manera excede a nuestro entendimiento y nos es incomprensible, al igual que la acción del Espíritu Santo es oculta e incomprensible. Mientras tanto, no erramos cuando decimos, que lo que por nosotros es comido y bebido, es el propio cuerpo y la propia sangre de Cristo[i]; pero la manera en que los tenemos, no es la boca, sino el espíritu por la fe. Así pues, Jesucristo permanece siempre[j] sentado a la diestra de Dios, su Padre, en los cielos[k], y sin embargo no por eso deja de hacernos partícipes de El por la fe. Esta comida es una mesa espiritual, en la cual Cristo mismo se nos comunica con todos sus bienes, y en ella nos da a gustar tanto a Sí mismo, como los méritos de su muerte y pasión; alimentando, fortaleciendo y consolando nuestra pobre alma por la comida de su carne, refrigerándola y regocijándola por la bebida de su sangre. Por lo demás, aunque los sacramentos están unidos con las cosas significadas, sin embargo no son recibidos por todos[l] de igual manera. El impío recibe sí el sacramento para su condenación, pero no recibe la verdad del sacramento[m]; igual que Judas y Simón Mago, ambos recibieron el sacramento, pero no a Cristo, que es significado por eso mismo, y quien únicamente es comunicado a los creyentes[n]. Por último, recibimos el santo Sacramento en la congregación del pueblo de Dios, con humildad y reverencia, guardando entre nosotros un santo recuerdo de la muerte de Cristo, nuestro Salvador, con acción de gracias, y además hacemos confesión de nuestra fe y de la religión cristiana[ñ]. Por eso, es conveniente que nadie se allegue al sacramento sin haberse probado[o] primero a sí mismo, para que al comer de este pan y al beber de esta copa, no coma y beba juicio para sí[p].

En resumen, por el uso de este santo Sacramento somos movidos a un ardiente amor hacia Dios y hacia nuestro prójimo. Por todo lo cual, desechamos todas las invenciones condenables que los hombres han agregado y mezclado a los Sacramentos como profanaciones de los mismos, y decimos que es preciso conformarse con la institución que de los Sacramentos nos enseñaron Cristo y sus apóstoles.

a. Mt. 26:26-28; (Mc.14:22-24; Lc. 22:19,20); 1 Cor. 11:23-26.— b. Jn. 10:10 b.— c. Jn.3:6.— d. Jn. 5:25.— e. Jn. 6:48-51:— f. Jn. 6:63:— g. Mt. 26:26; (1 Cor. 11:24).— h. Ef. 3:17.— i. Jn. 6: (35).55 (1 Cor. 10:16).— j. Hch. 3:21; (Mt. 26:11).—k. Mc. 16:19.—l. 1 Cor. 10:3,4.— m. 1 Cor. 2:14.— n. 2 Cor. 6:16; (Rom. 8,22,32).— ñ. Hch. 2:42; (20:7).— o. 1 Cor. 11:28.— p. 1 Cor. 11:29.

Artículo 36

Creemos, que nuestro buen Dios, a causa de la perversión del género humano, ha establecido[a] los reyes, príncipes y autoridades, ya que El quiere que el mundo sea regido por leyes y gobiernos[b], para que el desenfreno de los hombres sea reprimido, y todo se haga entre ellos en buen orden[c]. A este fin puso El la espada en manos de las autoridades, para castigo de los malos y protección de los que hacen bien. Su oficio no es sólo observar y velar por el gobierno[d], sino también mantener el santo culto de la Palabra, para exterminar y destruir toda superstición y falso culto de Dios[e], para romper y desbaratar el reino del anticristo, y hacer promover el Reino de Jesucristo[f], y hacer predicar en todas partes la Palabra del Evangelio, a fin de que Dios sea de todos servido y honrado como El lo manda en Su Palabra. Además, cada uno, sea de la condición o estado que fuere, está obligado a someterse[g] a las autoridades, pagar los impuestos[h], rendirles honor y respeto[i], y obedecerles en todo lo que no vaya contra la Palabra de Dios[j]; orando por ellas en sus oraciones, para que el Señor les guíe en todos sus caminos[k], y para que vivamos quieta y reposadamente en toda piedad y honestidad[l]. En virtud de esto, no concordamos con los anabaptistas y otros hombres rebeldes, que reachazan a las autoridades y magistrados, y pretenden derribar la justicia[m], introduciendo la comunidad de bienes, y trastornando la honorabilidad que Dios estableció entre los hombres.

a. Rom. 13:1; (Prov.8:15; Dan. 2:21).— b. Ex. 18:20.— c. Jer. 22:3; (Sal. 82:3,6; Dt.1:16; Jer. 21:12; Jue. 21:25; Dt. 16:19).— d. Dt. 17:18-20.— e. Sal. 101; 1 Re. 15:12; (2 Re.29:3,4).— f. Is. 49:23.— g. Mt.22:21; (Tit. 3:1; Rom. 13:1).— h. Rom. 13:7; (Mt. 17:27).— i. 1 Pe. 2:17; (Rom. 13:7 b).— j. Hch. 4:19; 5:29.— k. Os. 5:10; (Jer. 27:5).— l. 1 Tim. 2:1,2.— m. 2 Pe.2:10; (Jds. 8 y 10).

Artículo 37

Finalmente, creemos, que según la Palabra de Dios[a], cuando el tiempo (que todas las criaturas ignoran[b]) ordenado por el SEÑOR haya llegado, y el número de los elegidos esté completo[c], nuestro Señor Jesucristo vendrá del cielo[d] corporal y visiblemente como ascendió, con gloria y majestad[e], para declararse Juez sobre vivos y muertos[f], poniendo a este viejo mundo en fuego y llamas para purificarlo. Y entonces comparecerán personalmente ante este Juez todos los hombres[g], tanto varones como mujeres y niños que desde el principio del mundo hasta su fin habrán existido, siendo emplazados con voz de arcángel, y con trompeta de Dios[h]. Porque todos aquellos que hayan muerto, resucitarán de la tierra[i], siendo reunidas y juntadas las almas con sus propios cuerpos en los que hubieron vivido. Y en cuanto a los que entonces vivan aún, estos no morirán como los otros, sino que en un instante serán transformados[j], y de corruptibles serán tornados incorruptibles. Entonces, los libros serán abiertos (esto es, las conciencias), y los muertos serán juzgados[k] según lo que en este mundo hubieran hecho, sea bueno o malo[l]. Los hombres darán cuenta de todas las palabras ociosas que hablaron[m] y a las que el mundo no atribuía ninguna importancia, considerándolas como juego de niños y pasatiempo; quedarán entonces descubiertos publicamente, ante todos, los secretos y las hipocresías de los hombres. Por eso, la consideración de este Juicio es justamente terrible y pavorosa para los malos e impíos[n], y muy deseable y consoladora para los piadosos y elegidos, puesto que entonces su plena redención será consumada, y allí recibirán los frutos de los trabajos y de las penas que sobrellevaron[ñ]; su inocencia será conocida de todos; y verán la terrible venganza que Dios hará contra los impíos que los tiranizaron, oprimieron y atormentaron en este mundo. Estos serán vencidos por el testimonio de sus propias conciencias[o], y serán inmortales, pero en tal forma, que serán atormentados en el fuego eterno preparado para el diablo y sus ángeles[p]. En cambio, los creyentes y elegidos serán coronados con gloria y honor[o]. El Hijo de Dios confesará sus nombres delante de Dios el Padre y de sus ángeles escogidos[q]; todas las lágrimas serán limpiadas de los ojos de ellos[r]; su causa, que al presente es condenada por muchos jueces y autoridades como herética e impía, será conocida como la causa del Hijo de Dios mismo[s]. Y como remuneración por gracia[t], el SEÑOR les hará poseer una gloria tal[u], que ningún corazón humano jamás podría concebir[v]. Por eso, esperamos ese gran día con inmenso deseo, para gozar plenamente las promesas de Dios, en Jesucristo, nuestro Señor[w].

a. Mt. 13:23.— b. Mt. 25:13; 24:36; (1 Tes. 5:1,2; 2 Pe. 3:9,10).— c. Ap. 6:11.— d. Hch. 1:11.— e. Mt.24:30; (Mt. 25:31; Ap. 20:11).— f. 2 Tim. 4:1; (1 Pe. 4:5; Jds.15).— g. Mr. 12:18; (Mt. 11:22; 23,33).— h. 1 Tes. 4:16.— i. Jn.5:28,29.— j. 1 Cor. 15:51,52.— k. Dan. 7:10b; (Heb. 9:27; Ap. 20:12).— l. Jn. 5:29; Rom. 2:5,6; (2 Cor. 5:10; Ap. 22:12).— m. Mt.12:36.— n. 2 Pe. 2:9; (Heb. 10:27; Ap. 14:7a).— ñ. Lc.14:14; (2 Tes. 1:5; 1 Jn. 4:17).— o. Guido de Brés cita aquí el libro de la Sabiduría (apócrifo), por lo cual debemos tener muy en cuenta lo que el art. 6 dice a este respecto. Así pues, cita del cap. 5, los versos 1:8 y 15-17.— p. Mt. 25:41; (Ap. 21:8).— q. Mt. 10:32; (Ap.3:5).— r. Is. 25:8; (Ap. 21:4).— s. Is. 66:5.— t. Lc. 14:14.— u. Dan. 7:22-27.— v. 1 Cor. 2:9.— w. 2 Cor. 1:20.

103

LOS CANONES DE DORT

CAPITULO PRIMERO:
DE LA DOCTRINA DE LA DIVINA
ELECCION Y REPROBACION.

I.— Puesto que todos los hombres han pecado en Adán y se han hecho culpables de maldición y muerte eterna, Dios, no habría hecho injusticia a nadie si hubiese querido dejar a todo el género humano en el pecado y en la maldición, y condenarlo a causa del pecado, según estas expresiones del Apóstol: ...*Para que toda boca se cierre y todo el mundo quede bajo el juicio de Dios... por cuanto todos pecaron, y están destituidos de la Gloria de Dios* (Rom. 3:19,23). Y: *Porque la paga del pecado es la muerte...* (Rom. 6:23).

II.— *Pero, en esto se mostró el amor de Dios para con nosotros, en que Dios envió a Su Hijo unigénito al mundo... para que todo aquel que en El cree, no se pierda, mas tenga vida eterna* (1 Jn. 4,9; Jn. 3,16).

III.— A fin de que los hombres sean traídos a la fe, Dios, en su misericordia, envía mensajeros de esta buena nueva a quienes le place y cuando Él quiere; y por el ministerio de aquellos son llamados los hombres a conversión y a la fe en Cristo crucificado. *¿Cómo, pues, invocarán a aquel en el cual no han creído? ¿Y cómo creerán en aquel de quien no han oído? ¿Y Cómo predicarán si no fueren enviados?* (Rom. 10:14,15).

IV.— La ira de Dios está sobre aquellos que no creen este Evangelio. Pero los que lo aceptan, y abrazan a Jesús el Salvador, con fe viva y verdadera, son librados por Él de la ira de Dios y de la perdición, y dotados de la vida eterna (Jn. 3:36; Mr. 16:16).

V.— La causa o culpa de esa incredulidad, así como la de todos los demás pecados, no está de ninguna manera en Dios, si no en el hombre. Pero la fe en Jesucristo y la salvación por medio de Él son un don gratuito de Dios; como está escrito: *Porque por gracia sois salvos por medio de la fe; y esto no de vosotros, pues es don de Dios* (Ef. 2:8). Y así mismo: *Porque a vosotros os es concedido a causa de Cristo, no sólo que creáis en Él...* (Fil. 1:29).

VI.— Que Dios, en el tiempo, a algunos conceda el don de la fe y a otros no, procede de Su eterno decreto. *Conocidos son a Dios desde el siglo todas sus obras* (Hch. 15:18), y: *hace todas las cosas según el designio de su voluntad* (Ef. 1:11). Con arreglo a tal decreto ablanda, por pura gracia, el corazón de los predestinados, por obstinados que sean, y los inclina a creer; mientras que a aquellos que, según Su justo juicio, no son elegidos, los abandona a su maldad y obstinación. Y es aquí, donde, estando los hombres en similar condición de perdición, se nos revela esa profunda misericordiosa e igualmente justa distinción de personas, o decreto de elección y reprobación revelado en la Palabra de Dios. La cual, si bien los hombres perversos, impuros e inconstantes tuercen para su perdición, también da un increíble consuelo a las almas santas y temerosas de Dios.

VII.— Esta elección es un propósito inmutable de Dios por el cual Él, antes de la fundación del mundo, de entre todo el género humano caído por su propia culpa, de su primitivo estado de rectitud, en el pecado y la perdición, predestinó en Cristo para salvación, por pura gracia y según el beneplácito de Su voluntad, a cierto número de personas, no siendo mejores o más dignas que las demás, sino hallándose en igual miseria que las otras, y puso a Cristo, también desde la eternidad, por Mediador y Cabeza de todos los predestinados, y por fundamento de la salvación. Y, a fin de que fueran hechos salvos por Cristo, Dios decidió también dárselos a él, llamarlos y atraerlos poderosamente a Su comunión por medio de Su Palabra y Espíritu Santo, o lo que es lo mismo, dotarles de la verdadera fe en Cristo, justificarlos, santificarlos y, finalmente, guardándolos poderosamente en la comunión de Su Hijo, glorificarlos en prueba de Su misericordia y para alabanza de las riquezas de Su gracia soberana. Conforme está escrito: *...según nos escogió en él antes de la fundación del mundo,*

para que fuésemos santos y sin mancha delante de él, en amor ha-
biéndonos predestinado para ser adoptados hijos suyos por medio de
Jesucristo, según el puro efecto de Su voluntad, para alabanza de la
gloria de Su gracia, con la cual nos hizo aceptos en el Amado (Ef.
1:4-6); y en otro lugar: *Y a los que predestinó, a éstos también lla-*
mó; y a los que llamó, a éstos también justificó; y a los que justificó,
a éstos también glorificó (Rom. 8:30).

VIII.— La antedicha elección de todos aquellos que se salvan no es
múltiple, sino una sola y la misma, tanto en el Antiguo, como en el
Nuevo Testamento. Ya que la Escritura nos presenta un único beneplácito, propósito y consejo de la voluntad de Dios, por los cuales Él
nos escogió desde la eternidad tanto para la gracia, como para la gloria, así para la salvación, como para el camino de la salvación, las cuales preparó de antemano para que anduviésemos en ellas (Ef. 1:4,5 y
2:10).

IX.— Esta misma elección fue hecha, no en virtud de prever la fe y la
obediencia a la fe, la santidad o alguna otra buena cualidad o apti-
tud, como causa o condición, previamente requeridas en el hombre
que habría de ser elegido, sino para la fe y la obediencia a la fe, para
la santidad, etc. Por consiguiente, la elección es la fuente de todo
bien salvador de la que proceden la fe, la santidad y otros dones salví-
ficos y, finalmente, la vida eterna misma, conforme al testimonio del
Apóstol: *...Según nos escogió en él antes de la fundación del mundo*
(no, porque éramos, sino), *para que fuésemos santos y sin mancha*
delante de él (Ef. 1:4).

X.— La causa de esta misericordiosa elección es únicamente la complacencia de Dios, la cual no consiste en que Él escogió como condición de la salvación, de entre todas las posibles condiciones, algunas
cualidades u obras de los hombres, sino en que Él se tomó como pro-
piedad, de entre la común muchedumbre de los hombres, a algunas
personas determinadas. Como está escrito: *(pues no habían aún naci-*
do, ni habían hecho aún ni bien ni mal, para que el propósito de
Dios conforme a la elección permaneciese, no por las obras sino por el
que llama), se le dijo (esto es, a Rebeca): *amé, más a Esaú*
aborrecí (Rom. 9:11-13); *y creyeron todos los que estaban ordenados*
para la vida eterna (Hch. 13:48).

XI.— Y como Dios mismo es sumamente sabio, inmutable, omnisciente y todopoderoso, así la elección, hecha por Él, no puede ser anulada, ni cambiada, ni revocada, ni destruida, ni los elegidos pueden ser reprobados, ni disminuido su número.

XII.— Los elegidos son asegurados de esta su elección eterna e inmutable, a su debido tiempo, si bien en medida desigual y en distintas etapas; no cuando, por curiosidad, escudriñan los misterios y las profundidades de Dios, sino cuando con gozo espiritual y santa delicia advierten en sí mismos los frutos infalibles de la elección, indicados en la Palabra de Dios (cuando se hallan: la verdadera fe en Cristo, temor filial de Dios, tristeza según el criterio de Dios sobre el pecado, y hambre y sed de justicia, etc.) (2 Cor. 13:5).

XIII.— Del sentimiento interno y de la certidumbre de esta elección toman diariamente los hijos de Dios mayor motivo para humillarse ante Él, adorar la profundidad de Su misericordia, purificarse a sí mismos, y, por su parte, amarle ardientemente a Él, que de modo tan eminente les amó primero a ellos. Así hay que descartar que, por esta doctrina de la elección y por la meditación de la misma, se relajen en la observancia de los mandamientos de Dios, o se hagan carnalmente descuidados. Lo cual, por el justo juicio de Dios, suele suceder con aquellos que, jactándose audaz y ligeramente de la gracia de la elección, o charloteando vana y petulantemente de ella, no desean andar en los caminos de los elegidos.

XIV.— Además, así como esta doctrina de la elección divina, según el beneplácito de Dios, fue predicada tanto en el Antiguo como en el Nuevo Testamento por los profetas, por Cristo mismo y por los apóstoles, y después expuesta y legada en las Sagradas Escrituras, así hoy en día y a su debido tiempo se debe exponer en la Iglesia de Dios (a la cual le ha sido especialmente otorgada), con espíritu de discernimiento y con piadosa reverencia, santamente, sin investigación curiosa de los caminos del Altísimo, para honor del Santo Nombre de Dios y para consuelo vivificante de Su pueblo (Hch. 20:27; Rom. 12:3; 11:33,34; Heb. 6:17,18).

XV.— La Sagrada Escritura nos muestra y ensalza esta gracia divina e inmerecida de nuestra elección mayormente por el hecho de que, además, testifica que no todos los hombres son elegidos, sino que algunos no lo son o son pasados por alto en la elección eterna de Dios, y estos son aquellos a los que Dios, conforme a Su libérrima, irreprensible e inmutable complacencia, ha resuelto dejarlos en la común miseria en la que por su propia culpa se precipitaron, y no dotarlos de la fe salvadora y la gracia de la conversión y, finalmente, estando abandonados a sus propios caminos y bajo el justo juicio de Dios, condenarlos y castigarlos eternamente, no sólo por su incredulidad, sino también por todos los demás pecados, para dar fe de Su justicia divina. Y este es el decreto de reprobación, que en ningún sentido hace a Dios autor del pecado (lo cual es blasfemia, aún sólo pensarlo), sino que lo coloca a Él como su Juez y Vengador terrible, intachable y justo.

XVI.— Quienes aún no sienten poderosamente en sí mismos la fe viva en Cristo, o la confianza cierta del corazón, la paz de la conciencia, la observancia de la obediencia filial, la gloria de Dios por Cristo, y no obstante ponen los medios por los que Dios ha prometido obrar en nosotros estas cosas, éstos no deben desanimarse cuando oyen mencionar la reprobación, ni contarse entre los reprobados, sino proseguir diligentemente en la observancia de los medios, añorar ardientemente días de gracia más abundante y esperar ésta con reverencia y humildad. Mucho menos han de asustarse de esta doctrina de la reprobación aquellos que seriamente desean convertirse a Dios, agradarle a Él únicamente y ser librados del cuerpo de muerte, a pesar de que no pueden progresar en el camino de la fe y de la salvación tanto como ellos realmente querrían; ya que el Dios misericordioso ha prometido que no apagará el pábilo humeante, ni destruirá la caña cascada. Pero esta doctrina es, y con razón, terrible para aquellos que, no haciendo caso de Dios y Cristo, el Salvador, se han entregado por completo a los cuidados del mundo y a las concupiscencias de la carne, hasta tanto no se conviertan de veras a Dios.

XVII.— Puesto que debemos juzgar la voluntad de Dios por medio de Su Palabra, la cual atestigua que los hijos de los creyentes son santos, no por naturaleza, sino en virtud del pacto de gracia, en el que están comprendidos con sus padres, por esta razón los padres piadosos no deben dudar de la elección y salvación de los hijos a quienes Dios quita de esta vida en su niñez (Gn. 17:7; Hch. 2:39; 1 Cor. 7:14).

XVIII.— Contra aquellos que murmuran de esta gracia de la elección inmerecida y de la severidad de la reprobación justa, ponemos esta sentencia del Apóstol: *Oh, hombre, ¿quién eres tú para que alterques con Dios?* (Rom. 9:20), y ésta de nuestro Salvador: *¿No me es lícito hacer lo que quiero con lo mío?* (Mt. 20:15). Nosotros, por el contrario, adorando con piadosa reverencia estos misterios, exclamamos con el apóstol: *¡Oh profundidad de las riquezas de la sabiduría y de la ciencia de Dios! ¡Cuán insondables son sus juicios, e inescrutables sus caminos! Porque ¿quién entendió la mente del Señor? ¿O quién fue su consejero? ¿O quién le dio a él primero, para que le fuese recompensado? Porque de él, y por él, y para él, son todas las cosas. A él sea la gloria por los siglos. Amén.* (Rom. 11:33-36).

CONDENA DE LOS ERRORES POR LOS QUE LAS IGLESIAS DE LOS PAISES BAJOS FUERON PERTURBADAS DURANTE ALGUN TIEMPO

Una vez declarada la doctrina ortodoxa de la elección y reprobación, el Sínodo condena los errores de aquellos:

I.— Que enseñan: «que la voluntad de Dios de salvar a aquellos que habrían de creer y perseverar en la fe y en la obediencia a la fe, es el decreto entero y total de la elección para salvación, y que de este decreto ninguna otra cosa ha sido revelada en la Palabra de Dios».

— Pues éstos engañan a los sencillos, y contradicen evidentemente a las Sagradas Escrituras que testifican que Dios, no sólo quiere salvar a aquellos que creerán, sino que también ha elegido Él, desde la eternidad, a algunas personas determinadas, a las que Él, en el tiempo, dotaría de la fe en Cristo y de la perseverancia, pasando a otros por alto, como está escrito: ...*He manifestado tu nombre a los hombres que del mundo me diste* (Jn. 17:6); y: ...*y creyeron todos los que estaban ordenados para vida eterna* (Hch. 13:48); y: ...*según nos escogió en él antes de la fundación del mundo, para que fuésemos santos y sin mancha delante de Él* (Ef. 1:4).

II.— Que enseñan: «que la elección de Dios para la vida eterna es múltiple y varia: una, general e indeterminada; otra, particular y determinada; y que esta última es, o bien, imperfecta, revocable, no decisiva y condicional; o bien, perfecta, irrevocable, decisiva y absoluta». Asimismo: «que hay una elección para fe y otra para salvación, de manera que la elección para fe justificante pueda darse sin la elección para salvación».

— Pues esto es una especulación de la mente humana, inventada sin y fuera de las Sagradas Escrituras, por la cual se pervierte la enseñanza de la elección, y se destruye esta cadena de oro de nuestra Salvación: *Y a los que predestinó, a éstos también llamó; y a los que llamó, a éstos también justificó; y a los que justificó, a éstos también glorificó* (Rom. 8:30).

III.— Que enseñan: «que el beneplácito y el propósito de Dios, de los que la Escritura habla en la doctrina de la elección, no consiste en que Dios ha elegido a algunas especiales personas sobre otras, sino en que Dios, de entre todas las posibles condiciones, entre las que también se hallan las obras de la ley, o de entre el orden total de todas las cosas, ha escogido como condición de salvación el acto de fe, inmeritorio por su naturaleza, y su obediencia imperfecta, a los cuales, por gracia, habría querido tener por una obediencia perfecta, y considerar como dignos de la recompensa de la vida eterna».

— Pues con este error infame se hacen inválidos el beneplácito de Dios y el mérito de Cristo, y por medio de sofismas inútiles se desvía a los hombres de la verdad de la justificación gratuita y de la sencillez de las Sagradas Escrituras, y se acusa de falsedad a esta sentencia del Apóstol: ...*de Dios*, (v. 8), *quien nos salvó y llamó con llamamiento santo, no conforme a nuestras obras, sino según el propósito suyo y la gracia que nos fue dada en Cristo Jesús antes de los tiempos de los siglos* (2 Tim. 1:9).

IV.— Que enseñan: «que en la elección para fe se requiere esta condición previa: que el hombre haga un recto uso de la luz de la naturaleza, que sea piadoso, sencillo, humilde e idóneo para la vida eterna, como si la elección dependiese en alguna manera de estas cosas».

— Pues esto concuerda con la opinión de Pelagio, y está en pugna con la enseñanza del Apóstol cuando escribe: *Todos nosotros vivimos en otro tiempo en los deseos de nuestra carne, haciendo la voluntad de la carne y de los pensamientos, y éramos por naturaleza hijos de ira, lo mismo que los demás. Pero Dios, que es rico en misericordia, por Su gran amor con que nos amó, aún estando nosotros muertos en pecados, nos dió vida juntamente con Cristo (por gracia sois salvos), y juntamente con El nos resucitó, y asimismo nos hizo sentar en los lugares celestiales con Cristo Jesús. Porque por gracia sois salvos por medio de la fe; y esto no de vosotros, pues es don de Dios; no por obras, para que nadie se gloríe* (Ef. 2:3-9).

V.— Que enseñan: «que la elección imperfecta y no decisiva de determinadas personas para salvación tuvo lugar en virtud de previstas la fe, la conversión, la santificación y la piedad, las cuales, o bien tuvieron un comienzo, o bien se desarrollaron incluso durante un cierto tiempo; pero que la elección perfecta y decisiva tuvo lugar en virtud de prevista la perseverancia hasta el fin de la fe, en la conversión, en la santidad y en la piedad; y que esto es la gracia y la dignidad evangélicas, motivo por lo cual, aquel que es elegido es mas digno que aquel que no lo es; y que, por consiguiente, la fe, la obediencia a la fe, la santidad, la piedad y la perseverancia no son frutos de la elección inmutable para la gloria, sino que son las condiciones que, requeridas de antemano y siendo cumplidas, son previstas para aquellos que serían plenamente elegidos, y las causas sin las que no acontece la elección inmutable para gloria».

— Lo cual está en pugna con toda la Escritura que inculca constantemente en nuestro corazón y nos hace oir estas expresiones y otras semejantes: (*pues no habían aún nacido, ni habían hecho aún ni bien ni mal, para que el propósito de Dios conforme a la elección permaneciese, no por las obras sino por el que llama*) (Rom. 9:11) ...*y creyeron todos los que estaban ordenados para vida eterna* (Hch. 13:48) ...*según nos escogió en El antes de la fundación del mundo, para que fuésemos santos y sin mancha delante de El* (Ef. 1:4) *No me elegisteis vosotros a mí, sino que yo os elegí a vosotros* (Jn. 15:16). *Y si por gracia, ya no es por obras* (Rom. 11:6) *En esto consiste el amor: no en que nosotros hayamos amado a Dios, sino en que El nos amó a nosotros, y envió a su Hijo en propiciación por nuestros pecados* (1 Jn. 4:10).

VI.— Que enseñan: «que no toda elección para salvación es inmutable; sino que algunos elegidos, a pesar de que existe un único decreto de Dios, se pueden perder y se pierden eternamente».

— Con tan grave error hacen mudable a Dios, y echan por tierra el consuelo de los piadosos, por el cual se apropian la seguridad de su elección, y contradicen a la Sagrada Escritura, que enseña: *que engañarán, si fuera posible, aun a los elegidos* (Mt. 24:24); *que de todo lo que me diere, no pierda yo nada* (Jn. 6:39); y *a los que predestinó, a éstos también llamó; y a los que llamó, a éstos también justificó; y a los que justificó, a éstos también glorificó* (Rom. 8:30).

VII.— Que enseñan: «que en esta vida no hay fruto alguno, ni ningún sentimiento de la elección inmutable; ni tampoco seguridad, sino la que depende de una condición mudable e incierta».

— Pues además de que es absurdo suponer una seguridad incierta, asimismo esto está también en pugna con la comprobación de los santos, quienes, en virtud del sentimiento interno de su elección, se gozan con el Apóstol, y glorifican este beneficio de Dios (Efesios 1); quienes, según la amonestación de Cristo, se alegran con los discípulos de que sus nombres estén escritos en el cielo (Lc. 10:20); quienes también ponen el sentimiento interno de su elección contra las saetas ardientes de los ataques del diablo, cuando preguntan: *¿Quién acusará a los escogidos de Dios?* (Rom. 8:33).

VIII.— Que enseñan: «que Dios, meramente en virtud de Su recta voluntad, a nadie ha decidido dejarlo en la caída de Adán y en la común condición de pecado y condenación, o pasarlo de largo en la comunicación de la gracia que es necesaria para la fe y la conversión».

— Pues esto es cierto: *De manera que de quien quiere, tiene misericordia, y al que quiere endurecer, endurece* (Rom. 9:18). Y esto también: *Porque a vosotros os es dado saber los misterios del reino de los cielos; mas a ellos no les es dado* (Mt. 13:11). Asimismo: *Te alabo, Padre, Señor del cielo y de la tierra, porque escondiste estas cosas de los sabios y de los entendidos, y las revelaste a los niños. Sí, Padre, porque así te agradó* (Mt. 11:25,26).

IX.— Que enseñan: «que la causa por la que Dios envía el Evangelio a un pueblo más que a otro, no es mera y únicamente el beneplácito de Dios, sino porque un pueblo es mejor y más digno que el otro al cual no le es comunicado».

— Pues Moisés niega esto, cuando habla al pueblo israelita en estos términos: *He aquí, de Jehová tu Dios son los cielos, y los cielos de los cielos, la tierra, y todas las cosas que hay en ella. Solamente de tus padres se agradó Jehová para amarlos, y escogió su descendencia después de ellos, a vosotros, de entre todos los pueblos, como en este día* (Dt. 10:14,15); y Cristo, cuando dice: *¡Ay de ti, Corazín! ¡Ay de ti, Betsaida! Porque si en Tiro y en Sidón se hubieran hecho los milagros que han sido hechos en vosotros, tiempo ha que se hubieran arrepentido en cilicio y en ceniza* (Mt. 11:21).

CAPITULO SEGUNDO:
DE LA DOCTRINA DE LA MUERTE DE CRISTO Y DE LA REDENCION DE LOS HOMBRES POR ESTE

I.— Dios es no sólo misericordioso en grado sumo, sino también justo en grado sumo. Y su justicia (como Él se ha revelado en Su Palabra) exige que nuestros pecados, cometidos contra Su majestad infinita, no sólo sean castigados con castigos temporales, sino también castigos eternos, tanto en el alma como en el cuerpo; castigos que nosotros no podemos eludir, a no ser que se satisfaga plenamente la justicia de Dios.

II.— Mas, puesto que nosotros mismos no podemos satisfacer y librarnos de la ira de Dios, por esta razón, movido Él de misericordia infinita, nos ha dado a Su Hijo unigénito por mediador, el cual, a fin de satisfacer por nosotros, fue hecho pecado y maldición en la cruz por nosotros o en lugar nuestro.

III.— Esta muerte del Hijo de Dios es la ofrenda y la satisfacción única y perfecta por los pecados, y de una virtud y dignidad infinitas, y sobradamente suficiente como expiación de los pecados del mundo entero.

IV.— Y por eso es esta muerte de tan gran virtud y dignidad, porque la persona que la padeció no sólo es un hombre verdadero y perfectamente santo, sino también el Hijo de Dios, de una misma, eterna e infinita esencia con el Padre y el Espíritu Santo, tal como nuestro Salvador tenía que ser. Además de esto, porque su muerte fue acompañada con el sentimiento interno de la ira de Dios y de la maldición que habíamos merecido por nuestros pecados.

V.— Existe además la promesa del Evangelio de que todo aquel que crea en el Cristo crucificado no se pierda, sino que tenga vida eterna; promesa que, sin distinción, debe ser anunciada y proclamada con mandato de conversión y de fe a todos los pueblos y personas a los que Dios, según Su beneplácito, envía Su Evangelio.

VI.— Sin embargo, el hecho de que muchos, siendo llamados por el Evangelio, no se conviertan ni crean en Cristo, mas perezcan en incredulidad, no ocurre por defecto o insuficiencia de la ofrenda de Cristo en la cruz, sino por propia culpa de ellos.

VII.— Mas todos cuantos verdaderamente creen, y por la muerte de Cristo son redimidos y salvados de los pecados y de la perdición, gozan de aquellos beneficios sólo por la gracia de Dios que les es dada eternamente en Cristo, y de la que a nadie es deudor.

VIII.— Porque este fue el consejo absolutamente libre, la voluntad misericordiosa y el propósito de Dios Padre: que la virtud vivificadora y salvadora de la preciosa muerte de Su Hijo se extendiese a todos los predestinados para, únicamente a ellos, dotarlos de la fe justificante, y por esto mismo llevarlos infaliblemente a la salvación; es decir: Dios quiso que Cristo, por la sangre de Su cruz (con la que Él corroboró el Nuevo Pacto), salvase eficazmente, de entre todos los pueblos, tribus, linajes y lenguas, a todos aquellos, y únicamente a aquellos, que desde la eternidad fueron escogidos para salvación, y que le fueron dados por el Padre; los dotase de la fe, como asimismo de los otros dones salvadores del Espíritu Santo, que Él les adquirió por Su muerte; los limpiase por medio de Su sangre de todos sus pecados, tanto los originales o connaturales como los reales ya de antes ya de después de la fe; los guardase fielmente hasta el fin y, por último, los presentase gloriosos ante sí sin mancha ni arruga.

IX.— Este consejo, proveniente del eterno amor de Dios hacia los predestinados, se cumplió eficazmente desde el principio del mundo hasta este tiempo presente (oponiéndose en vano a ello las puertas del infierno), y se cumplirá también en el futuro, de manera que los predestinados, a su debido tiempo serán congregados en uno, y que siempre existirá una Iglesia de los creyentes, fundada en la sangre de Cristo, la cual le amará inquebrantablemente a Él, su Salvador, quien, esposo por su esposa, dió Su vida por ella en la cruz, y le servirá constantemente, y le glorificará ahora y por toda la eternidad.

REPROBACION DE LOS ERRORES

Habiendo declarado la doctrina ortodoxa, el Sínodo rechaza los errores de aquellos:

I.— Que enseñan: «que Dios Padre ordenó a Su Hijo a la muerte de cruz sin consejo cierto y determinado de salvar ciertamente a alguien; de manera que la necesidad, utilidad y dignidad de la impetración de la muerte de Cristo bien pudieran haber existido y permanecido perfectas en todas sus partes, y cumplidas en su totalidad, aun en el caso de que la redención lograda jamás hubiese sido adjudicada a hombre alguno».

— Pues esta doctrina sirve de menosprecio de la sabiduría del Padre y de los méritos de Jesucristo, y está en contra de la Escritura. Pues nuestro Salvador dice así: *...pongo mi vida por las ovejas... y yo las conozco* (Jn. 10:15-27); y el profeta Isaías dice del Salvador: *Cuando haya puesto su vida en expiación por el pecado, verá linaje, vivirá por largos días, y la voluntad de Jehová será en su mano prosperada* (Is. 53:10); y por último, está en pugna con el artículo de la fe por el que creemos: una Iglesia cristiana católica.

II.— Que enseñan: «que el objeto de la muerte de Cristo no fue que Él estableciese de hecho el nuevo Pacto de gracia en Su muerte, sino únicamente que Él adquiriese para el Padre un mero derecho de poder establecer de nuevo un pacto tal con los hombres como a Él le pluguiese, ya fuera de gracia o de obras».

— Pues tal cosa contradice a la Escritura, que enseña que *Jesús es hecho fiador de un mejor pacto*, esto es, *del Nuevo Pacto* (Heb. 7:22), y un *testamento con la muerte se confirma* (Heb. 9:15,17).

119

III.— Que enseñan: «que Cristo por Su satisfacción no ha merecido para nadie, de un modo cierto, la salvación misma y la fe por la cual esta satisfacción es eficazmente apropiada; sino que ha adquirido únicamente para el Padre el poder o la voluntad perfecta para tratar de nuevo con los hombres, y dictar las nuevas condiciones que Él quisiese, cuyo cumplimiento quedaría pendiente de la libre voluntad del hombre; y que por consiguiente podía haber sucedido que ninguno, o que todos los hombres las cumpliesen».

— Pues éstos opinan demasiado despectivamente de la muerte de Cristo, no reconocen en absoluto el principal fruto o beneficio logrado por éste, y vuelven a traer del infierno el error pelagiano.

IV.— Que enseñan: «que el nuevo Pacto de gracia, que Dios Padre hizo con los hombres por mediación de la muerte de Cristo, no consiste en que nosotros somos justificados ante Dios y hechos salvos por medio de la fe, en cuanto que acepta los méritos de Cristo; sino en que Dios, habiendo abolido la exigencia de la obediencia perfecta a la Ley, cuenta ahora la fe misma y la obediencia a la fe, si bien imperfectas, por perfecta obediencia a la Ley, y las considera, por gracia, dignas de la recompensa de la vida eterna».

— Pues éstos contradicen a las Sagradas Escrituras: *siendo justificados gratuitamente por Su gracia, mediante la redención que es en Cristo Jesús, a quien Dios puso como propiciación por medio de la fe en Su sangre* (Rom. 3:24,25); y presentan con el impío Socino una nueva y extraña justificación del hombre ante Dios, contraria a la concordia unánime de toda la Iglesia.

V.— Que enseñan: «que todos los hombres son aceptados en el estado de reconciliación y en la gracia del Pacto, de manera que nadie es culpable de condenación o será maldecido a causa del pecado original, sino que todos los hombres están libres de la culpa de este pecado».

— Pues este sentir es contrario a la Escritura, que dice: *... y éramos por naturaleza hijos de la ira, lo mismo que los demás* (Ef. 2:3).

VI.— Que emplean la diferencia entre adquisición y apropiación, al objeto de poder implantar en los imprudentes e inexpertos este sentir: «que Dios, en cuanto a Él toca, ha querido comunicar por igual a todos los hombres aquellos beneficios que se obtienen por la muerte de Cristo; pero el hecho de que algunos obtengan el perdón de los pecados y la vida eterna, y otros no, depende de su libre voluntad, la cual se une a la gracia que se ofrece sin distinción, y que no depende de ese don especial de la misericordia que obra eficazmente en ellos, a fin de que se apropien para sí mismos, a diferencia de como otros hacen, aquella gracia».

— Pues éstos, fingiendo exponer esta distinción desde un punto de vista recto, tratan de inspirar al pueblo el veneno pernicioso de los errores pelagianos.

VII.— Que enseñan: «Que Cristo no ha podido ni ha debido morir, ni tampoco ha muerto, por aquellos a quienes Dios ama en grado sumo, y a quienes eligió para vida eterna, puesto que los tales no necesitan de la muerte de Cristo».

— Pues contradicen al Apóstol, que dice: ...*del Hijo de Dios, el cual me amó y se entregó a sí mismo por mí* (Gál. 2:20). Como también: *¿Quién acusará a los escogidos de Dios? Dios es el que justifica. ¿Quién es el que condenará? Cristo es el que murió* (Rom. 8:33,34), a saber: por ellos; también contradicen al Salvador, quien dice: ...*y pongo mi vida por las ovejas* (Jn. 10:15), y: *Este es mi mandamiento: que os améis unos a otros, como yo os he amado. Nadie tiene mayor amor que este, que uno ponga su vida por sus amigos* (Jn. 15:12,13).

CAPITULOS TERCERO Y CUARTO:
DE LA DEPRAVACION DEL HOMBRE,
DE SU CONVERSION A DIOS
Y DE LA MANERA DE REALIZARSE ESTA ULTIMA

I.— Desde el principio, el hombre fue creado a imagen de Dios, adornado en su entendimiento con conocimiento verdadero y bienaventurado de su Creador, y de otras cualidades espirituales; en su voluntad y en su corazón, con la justicia; en todas sus afecciones, con la pureza; y fue, a causa de tales dones, totalmente santo. Pero apartándose de Dios por insinuación del demonio y de su voluntad libre, se privó a sí mismo de estos excelentes dones, y a cambio ha atraído sobre sí, en lugar de aquellos dones, ceguera, oscuridad horrible, vanidad y perversión de juicio en su entendimiento; maldad, rebeldía y dureza en su voluntad y en su corazón; así como también impureza en todos sus afectos.

II.— Tal como fue el hombre después de la caída, tales hjos también procreó, es decir: corruptos, estando él corrompido; de tal manera que la corrupción, según el justo juicio de Dios, pasó de Adán a todos sus descendientes (exceptuando únicamente Cristo), no por imitación, como antiguamente defendieron los pelagianos, sino por procreación de la naturaleza corrompida.

III.— Por consiguiente, todos los hombres son concebidos en pecado y, al nacer como hijos de ira, incapaces de algún bien saludable o salvífico, e inclinados al mal, muertos en pecados y esclavos del pecado; y no quieren ni pueden volver a Dios, ni corregir su naturaleza corrompida, ni por ellos mismos mejorar la misma, sin la gracia del Espíritu Santo, que es quien regenera.

IV.— Bien es verdad que después de la caída quedó aún en el hombre alguna luz de la naturaleza, mediante la cual conserva algún conocimiento de Dios, de las cosas naturales, de la distinción entre lo que es lícito e ilícito, y también muestra alguna práctica hacia la virtud y la disciplina externa. Pero está por ver que el hombre, por esta luz de la naturaleza, podría llegar al conocimiento salvífico de Dios, y convertirse a Él cuando, ni aún en asuntos naturales y cívicos, tampoco usa rectamente esta luz; antes bien, sea como fuere, la empaña totalmente de diversas maneras, y la subyuga en injusticia; y puesto que él hace esto, por tanto se priva de toda disculpa ante Dios.

V.— Como acontece con la luz de la naturaleza, así sucede también, en este orden de cosas, con la Ley de los Diez Mandamientos, dada por Dios en particular a los judíos a traves de Moisés. Pues siendo así que ésta descubre la magnitud del pecado y convence más y más al hombre de su culpa, no indica, sin embargo, el remedio de reparación de esa culpa, ni aporta fuerza alguna para poder salir de esta miseria; y porque, así como la Ley, habiéndose hecho impotente por la carne, deja al transgresor permanecer bajo la maldición, así el hombre no puede adquirir por medio de la misma la gracia que justifica.

VI.— Lo que, en este caso, ni la luz de la naturaleza ni la Ley pueden hacer, lo hace Dios por el poder del Espíritu Santo y por la Palabra o el ministerio de la reconciliación, que es el Evangelio del Mesías, por cuyo medio plugo a Dios salvar a los hombres creyentes tanto en el Antiguo como en el Nuevo Testamento.

VII.— Este misterio de Su voluntad se lo descubrió Dios a pocos en el Antiguo Testamento; pero en el Nuevo Testamento (una vez derribada la diferencia de los pueblos), se lo reveló a más hombres. La causa de estas diferentes designaciones no se debe basar en la dignidad de un pueblo sobre otro, o en el mejor uso de la luz de la naturaleza, sino en la libre complacencia y en el gratuito amor de Dios; razón por la que aquellos en quienes, sin y aun en contra de todo merecimiento, se hace gracia tan grande, deben también reconocerla con un corazón humilde y agradecido, y con el Apóstol adorar la severidad y la justicia de los juicios de Dios en aquellos en quienes no se realiza esta gracia, y de ninguna manera investigarlos curiosamente.

VIII.— Pero cuantos son llamados por el Evangelio, son llamados con toda seriedad. Pues Dios muestra formal y verdaderamente en Su Palabra lo que le es agradable a Él, a saber: que los llamados acudan a Él. Promete también de veras a todos los que vayan a Él y crean, la paz del alma y la vida eterna.

IX.— La culpa de que muchos, siendo llamados por el ministerio del Evangelio, no se alleguen ni se conviertan, no está en el Evangelio, ni en Cristo, al cual se ofrece por el Evangelio, ni en Dios, que llama por el Evangelio e incluso comunica diferentes dones a los que llama; sino en aquellos que son llamados; algunos de los cuales, siendo descuidados, no aceptan la palabra de vida; otros sí la aceptan, pero no en lo íntimo de su corazón, y de ahí que, después de algún entusiasmo pasajero, retrocedan de nuevo de su fe temporal; otros ahogan la simiente de la Palabra con los espinos de los cuidados y de los deleites del siglo, y no dan ningún fruto; lo cual enseña nuestro Salvador en la parábola del sembrador (Mateo 13).

X.— Pero que otros, siendo llamados por el ministerio del Evangelio, acudan y se conviertan, no se tiene que atribuir al hombre como si él, por su voluntad libre, se distinguiese a sí mismo de los otros que son provistos de gracia igualmente grande y suficiente (lo cual sienta la vanidosa herejía de Pelagio); sino que se debe atribuir a Dios, quien, al igual que predestinó a los suyos desde la eternidad en Cristo, así también llama a estos mismos en el tiempo, los dota de la fe y de la conversión y, salvándolos del poder de las tinieblas, los traslada al reino de Su Hijo, a fin de que anuncien las virtudes de aquel que los llamó de las tinieblas a su luz admirable, y esto a fin de que no se gloríen en sí mismos, sino en el Señor, como los escritos apostólicos declaran de un modo general.

XI.— Además, cuando Dios lleva a cabo este Su beneplácito en los predestinados y obra en ellos la conversión verdadera, lo lleva a cabo de tal manera que no sólo hace que se les predique exteriormente el Evangelio, y que se les alumbre poderosamente su inteligencia por el Espíritu Santo a fin de que lleguen a comprender y distinguir recta- mente las cosas que son del Espíritu de Dios; sino que Él penetra también hasta las partes más íntimas del hombre con la acción poderosa de este mismo Espíritu regenerador; Él abre el corazón que está cerrado; Él quebranta lo que es duro; Él circuncida lo que es incircunciso; Él infunde en la voluntad propiedades nuevas, y hace que esa voluntad, que estaba muerta, reviva; que era mala, se haga buena; que no quería, ahora quiera realmente; que era rebelde, se haga obediente; Él mueve y fortalece de tal manera esa voluntad para que pueda, cual árbol bueno, llevar frutos de buenas obras.

XII.— Y este es aquel nuevo nacimiento, aquella renovación, nueva creación, resurrección de muertos y vivificación, de que tan excelentemente se habla en las Sagradas Escrituras, y que Dios obra en nosotros sin nosotros. Este nuevo nacimiento no es obrado en nosotros por medio de la predicación externa solamente, ni por indicación, o por alguna forma tal de acción por la que, una vez Dios hubiese terminado Su obra, entonces estaría en el poder del hombre el nacer de nuevo o no, el convertirse o no. Sino que es una operación totalmente sobrenatural, poderosísima y, al mismo tiempo, suavísima, milagrosa, oculta e inexpresable, la cual, según el testimonio de la Escritura (inspirada por el autor de esta operación), no es menor ni inferior en su poder que la creación o la resurrección de los muertos; de modo que todos aquellos en cuyo corazón obra Dios de esta milagrosa manera, renacen cierta, infalible y eficazmente, y de hecho creen. Así. la voluntad, siendo entonces renovada, no sólo es movida y conducida por Dios, sino que, siendo movida por Dios, obra también ella misma. Por lo cual con razón se dice que el hombre cree y se convierte por medio de la gracia que ha recibido.

XIII.— Los creyentes no pueden comprender de una manera perfecta en esta vida el modo cómo se realiza esta acción; mientras tanto, se dan por contentos con saber y sentir que por medio de esta gracia de Dios creen con el corazón y aman a su Salvador.

XIV.— Así pues, la fe es un don de Dios; no porque sea ofrecida por Dios a la voluntad libre del hombre, sino porque le es efectivamente participada, inspirada e infundida al hombre; tampoco lo es porque Dios hubiera dado sólo el poder creer, y después esperase de la voluntad libre el consentimiento del hombre o el creer de un modo efectivo; sino porque Él, que obra en tal circunstancia el querer y el hacer, es más, que obra todo en todos, realiza en el hombre ambas cosas: la voluntad de creer y la fe misma.

XV.— Dios no debe a nadie esta gracia; porque ¿qué debería Él a quien nada le puede dar a Él primero, para que le fuera recompensado? En efecto, ¿qué debería Dios a aquel que de sí mismo no tiene otra cosa sino pecado y mentira? Así pues, quien recibe esta gracia sólo debe a Dios por ello eterna gratitud, y realmente se la agradece; quien no la recibe, tampoco aprecia en lo más mínimo estas cosas espirituales, y se complace a sí mismo en lo suyo; o bien, siendo negligente, se gloría vanamente de tener lo que no tiene. Además, a ejemplo de los Apóstoles, se debe juzgar y hablar lo mejor de quienes externamente confiesan su fe y enmiendan su vida, porque lo íntimo del corazón nos es desconocido. Y por lo que respecta a otros que aún no han sido llamados, se debe orar a Dios por ellos, pues Él es quien llama las cosas que no son como si fueran, y en ninguna manera debemos envanecernos ante éstos, como si nosotros nos hubiésemos escogido a nosotros mismos.

XVI.— Empero como el hombre no dejó por la caída de ser hombre dotado de entendimiento y voluntad, y como el pecado, penetrando en todo el género humano, no quitó la naturaleza del hombre, sino que la corrompió y la mató espiritualmente; así esta gracia divina del nuevo nacimiento tampoco obra en los hombres como en una cosa insensible y muerta, ni destruye la voluntad y sus propiedades, ni las obliga en contra de su gusto, sino que las vivifica espiritualmente, las sana, las vuelve mejores y las doblega con amor y a la vez con fuerza, de tal manera que donde antes imperaba la rebeldía y la oposición de la carne allí comienza a prevalecer una obediencia de espíritu voluntaria y sincera en la que descansa el verdadero y espiritual restablecimiento y libertad de nuestra voluntad. Y a no ser que ese prodigioso Artífice de todo bien procediese en esta forma con nosotros, el hombre no tendría en absoluto esperanza alguna de poder levantarse de su caída por su libre voluntad, por la que él mismo, cuando estaba aún en pie, se precipitó en la perdición.

XVII.— Pero así como esa acción todopoderosa de Dios por la que Él origina y mantiene esta nuestra vida natural, tampoco excluye sino que requiere el uso de medios por los que Dios, según Su sabiduría infinita y Su bondad, quiso ejercer Su poder, así ocurre también que la mencionada acción sobrenatural de Dios por la que Él nos regenera, en modo alguno excluye ni rechaza el uso del Evangelio al que Dios, en Su sabiduría, ordenó para simiente del nuevo nacimiento y para alimento del alma. Por esto, pues, así como los Apóstoles y los Pastores que les sucedieron instruyeron saludablemente al pueblo en esta gracia de Dios (para honor del Señor, y para humillación de toda soberbia del hombre), y no descuidaron entretanto el mantenerlos en el ejercicio de la Palabra, de los sacramentos y de la disciplina eclesial por medio de santas amonestaciones del Evangelio; del mismo modo debe también ahora estar lejos de ocurrir que quienes enseñan a otros en la congregación, o quienes son enseñados, se atrevan a tentar a Dios haciendo distingos en aquellas cosas que Él, según Su beneplácito, ha querido que permaneciesen conjuntamente unidas. Porque por las amonestaciones se pone en conocimiento de la gracia; y cuanto más solícitamente desempeñamos nuestro cargo, tanto más gloriosamente se muestra también el beneficio de Dios, que obra en nosotros, y Su obra prosigue entonces de la mejor manera. Sólo a este Dios corresponde, tanto en razón de los medios como por los frutos y la virtud salvadora de los mismos, toda gloria en la eternidad. Amén.

REPROBACION DE LOS ERRORES

Habiendo declarado la doctrina ortodoxa, el Sínodo rechaza los errores de aquellos:

I.— Que enseñan: «que propiamente no se puede decir que el pecado original en sí mismo sea suficiente para condenar a todo el género humano, o para merecer castigos temporales y eternos».

— Pues éstos contradicen al Apóstol, que dice: ...*como el pecado entró en el mundo por un hombre, y por el pecado la muerte, así la muerte pasó a todos los hombres, por cuanto todos pecaron* (Rom. 5:12); y: ...*el juicio vino a causa de un solo pecado para condenación* (Rom. 5:16); y: *la paga del pecado es la muerte* (Rom. 6:23).

II.; Que enseñan: «que los dones espirituales, o las buenas cualidades y virtudes, como son: bondad, santidad y justicia, no pudieron estar en la libre voluntad del hombre cuando en un principio fue creado, y que, por consiguiente, no han podido ser separadas en su caída».

— Pues tal cosa se opone a la descripción de la imagen de Dios que el Apóstol propone (Ef. 4:24), donde confiesa que consiste en justicia y santidad, las cuales se hallan indudablemente en la voluntad.

III.; Que enseñan: «que, en la muerte espiritual, los dones espirituales no se separan de la voluntad del hombre, ya que la voluntad por sí misma nunca estuvo corrompida, sino sólo impedida por la oscuridad del entendimiento y el desorden de las inclinaciones; y que, quitados estos obstáculos, entonces la voluntad podría poner en acción su libre e innata fuerza, esto es: podría de sí misma querer y elegir, o no querer y no elegir, toda suerte de bienes que se le presentasen».

— Esto es una innovación y un error, que tiende a enaltecer las fuerzas de la libre voluntad, en contra del juicio del profeta: *Engañoso es el corazón más que todas las cosas, y perverso* (Jer. 17:9), y del Apóstol: *Entre los cuales* (hijos de desobediencia) *también todos nosotros vivimos en otro tiempo en los deseos de nuestra carne, haciendo la voluntad de la carne y de los pensamientos* (Ef. 2:3).

IV.— Que enseñan: «que el hombre no renacido no está ni propia ni enteramente muerto en el pecado, o falto de todas las fuerzas para el bien espiritual; sino que aún puede tener hambre y sed de justicia y de vida, y ofrecer el sacrificio de un espíritu humilde y quebrantado, que sea agradable a Dios».

— Pues estas cosas están en contra de los testimonios claros de la Sagrada Escritura: *cuando estabais muertos en vuestros delitos y pecados* (Ef. 2:1,5) y: *todo designio de los pensamientos del corazón de ellos era de continuo solamente el mal...; porque el intento del corazón del hombre es malo desde su juventud* (Gn. 6:5 y 8:21). Además, tener hambre y sed de salvación de la miseria, tener hambre y sed de la vida, y ofrecer a Dios el sacrificio de un espíritu quebrantado, es propio de los renacidos y de los que son llamados bienaventurados (Sal. 51:19 y Mt. 5:6).

V.— Que enseñan: «que el hombre natural y corrompido, hasta tal punto puede usar bien de la gracia común (cosa que para ellos es la luz de la naturaleza), o los dones que después de la caída aún le fueron dejados, que por ese buen uso podría conseguir, poco a poco y gradualmente, una gracia mayor, es decir: la gracia evangélica o salvadora y la bienaventuranza misma. Y que Dios, en este orden de cosas, se muestra dispuesto por Su parte a revelar al Cristo a todos los hombres, ya que El suministra a todos, de un modo suficiente y eficaz, los medios que se necesitan para la conversión».

— Pues, a la par de la experiencia de todos los tiempos, también la Escritura demuestra que tal cosa es falsa: *Ha manifestado Sus palabras a Jacob, Sus estatutos y Sus juicios a Israel. No ha hecho así con ninguna otra entre las naciones; y en cuanto a Sus juicios, no los conocieron* (Sal. 147:19.20). *En las edades pasadas Él ha dejado a todas las gentes andar en sus propios caminos* (Hch. 14:16); y: *Les fue prohibido* (a saber: a Pablo y a los suyos) *por el Espíritu Santo hablar la palabra en Asia; y cuando llegaron a Misia, intentaron ir a Bitinia, pero el Espíritu no se lo permitió* (Hch. 16:6,7).

VI.— Que enseñan: «que en la verdadera conversión del hombre ninguna nueva cualidad, fuerza o don puede ser infundido por Dios en la voluntad; y que, consecuentemente, la fe por la que en principio nos convertimos y en razón de la cual somos llamados creyentes, no es una cualidad o don infundido por Dios, sino sólo un acto del hombre, y que no puede ser llamado un don, sino sólo refiriéndose al poder para llegar a la fe misma.

— Pues con esto contradicen a la Sagrada Escritura que testifica que Dios derrama en nuestro corazón nuevas cualidades de fe, de obediencia y de experiencia de Su amor: *Daré mi Ley en su mente, y la escribiré en su corazón* (Jer. 31:33); y: *Yo derramaré aguas sobre el sequedal, y ríos sobre la tierra árida; mi Espíritu derramaré sobre tu generación* (Is.44:3); y: *El amor de Dios ha sido derramado en nuestros corazones por el Espíritu Santo que nos fue dado* (Rom. 5:5). Este error combate también la costumbre constante de la Iglesia de Dios que, con el profeta, ora así: *Conviérteme, y seré convertido* (Jer. 31:18).

VII.— Que enseñan: «que la gracia, por la que somos convertidos a Dios, no es otra cosa que una suave moción o consejo; o bien (como otros lo explican), que la forma más noble de actuación en la conversión del hombre, y la que mejor concuerda con la naturaleza del mismo, es la que se hace aconsejando, y que no cabe el por qué sólo esta gracia estimulante no sería suficiente para hacer espiritual al hombre natural; es más, que Dios de ninguna manera produce el consentimiento de la voluntad sino por esta forma de moción o consejo, y que el poder de la acción divina, por el que ella supera la acción de Satanás, consiste en que Dios promete bienes eternos, en tanto que Satanás sólo temporales».

— Pues esto es totalmente pelagiano y está en oposición a toda la Sagrada Escritura, que reconoce, además de ésta, otra manera de obrar del Espíritu Santo en la conversión del hombre mucho más poderosa y más divina. Como se nos dice en Ezequiel: *Os daré corazón nuevo, y pondré espíritu nuevo dentro de vosotros; y quitaré de vuestra carne el corazón de piedra, y os daré un corazón de carne* (Ez. 36:26).

VIII.— Que enseñan: «que Dios no usa en la regeneración o nuevo nacimiento del hombre tales poderes de Su omnipotencia que doblequen eficaz y poderosamente la voluntad de aquél a la fe y a la conversión; sino que, aun cumplidas todas las operaciones de la gracia que Dios usa para convertirle, el hombre sin embargo, de tal manera puede resistir a Dios y al Espíritu Santo, y de hecho también resiste con frecuencia cuando Él se propone su regeneración y le quiere hacer renacer, que impide el renacimiento de sí mismo; y que sobre este asunto queda en su propio poder el ser renacido o no.

— Pues esto no es otra cosa sino quitar todo el poder de la gracia de Dios en nuestra conversión, y subordinar la acción de Dios Todopoderoso a la voluntad del hombre, y esto contra los Apóstoles, que enseñan: *que creemos, según la operación del poder de Su fuerza* (Ef. 1:19); y: *que nuestro Dios os tenga por dignos de Su llamamiento, y cumpla todo propósito de bondad y toda obra de fe con Su poder* (2 Tes. 1:11); y: *como todas las cosas que pertenecen a la vida y a la piedad nos han sido dadas por Su divino poder* (2 Pe. 1:3).

IX.— Que enseñan: «que la gracia y la voluntad libre son las causas parciales que obran conjuntamente el comienzo de la conversión, y que la gracia, en relación con la acción, no precede a la acción de la voluntad; es decir, que Dios no ayuda eficazmente a la voluntad del hombre para la conversión, sino cuando la voluntad del hombre se mueve a sí misma y se determina a ello».

— Pues la Iglesia antigua condenó esta doctrina, ya hace siglos, en los pelagianos, con aquellas palabras del Apóstol *Así que no depende del que quiere, ni del que corre, sino de Dios, que tiene misericordia* (Rom. 9:16). Asimismo: *¿Quién te distingue? ¿O qué tienes que no hayas recibido?* (1 Cor. 4:7); y: *Dios es el que en vosotros produce así el querer como el hacer, por Su buena voluntad.*(Fil. 2:13).

CAPITULO QUINTO:
DE LA PERSVERANCIA DE LOS SANTOS

I.— A los que Dios llama, conforme a Su propósito, a la comunión de Su Hijo, nuestro Señor Jesucristo, y regenera por el Espíritu Santo, a éstos les salva ciertamente del dominio y de la esclavitud del pecado, pero no les libra en esta vida totalmente de la carne y del cuerpo del pecado.

II.— De esto hablan los cotidianos pecados de la flaqueza, y el que las mejores obras de los santos también adolezcan de defectos. Lo cual les da motivo constante de humillarse ante Dios, de buscar su refugio en el Cristo crucificado, de matar progresivamente la carne por Espíritu de oración y los santos ejercicios de piedad, y de desear la meta de la perfección, hasta que, librados de este cuerpo de muerte, reinen con el Cordero de Dios en los cielos.

III.— A causa de estos restos de pecado que moran en el hombre, y también con motivo de las tentaciones del mundo y de Satanás, los convertidos no podrían perseverar firmemente en esa gracia, si fuesen abandonados a sus propias fuerzas. Pero fiel es Dios que misericordiosamente los confirma en la gracia que, una vez, les fue dada, y los guarda poderosamente hasta el fin.

IV.— Y si bien ese poder de Dios por el que confirma y guarda en la gracia a los creyentes verdaderos, es mayor que el que les podría hacer reos de la carne, sin embargo, los convertidos no siempre son de tal manera conducidos y movidos por Dios que ellos, en ciertos actos especiales, no puedan apartarse por su propia culpa de la dirección de la gracia, y ser reducidos por las concupiscencias de la carne y seguirlas. Por esta razón, deben velar y orar constantemente que no sean metidos en tentación. Y si no lo hacen así, no sólo pueden ser llevados por la carne, el mundo y Satanás a cometer pecados graves y horribles, sino que ciertamente, por permisión justa de Dios, son también llevados a veces hasta esos mismos pecados; como lo prueban las lamentables caídas de David, Pedro y otros santos, que nos son descritas en las Sagradas Escrituras.

V.— Con tan groseros pecados irritan grandemente a Dios, se hacen reos de muerte, entristecen al Espíritu Santo, destruyen temporalmente el ejercicio de la fe, hieren de manera grave su conciencia, y pierden a veces por un tiempo el sentimiento de la gracia; hasta que el rostro paternal de Dios se les muestra de nuevo, cuando retornan de sus caminos a través del sincero arrepentimiento.

VI.— Pues Dios, que es rico en misericordia, obrando de conformidad con el propósito de la elección, no aparta totalmente el Espíritu Santo de los suyos, incluso en las caídas más lamentables, ni los deja recaer hasta el punto de que pierdan la gracia de la aceptación y el estado de justificación, o que pequen para muerte o contra el Espíritu Santo y se precipiten a sí mismos en la condenación eterna al ser totalmente abandonados por Él.

VII.— Pues, en primer lugar, en una caída tal, aún conserva Dios en ellos esta Su simiente incorruptible, de la que son renacidos, a fin de que no perezca ni sea echada fuera. En segundo lugar, los renueva cierta y poderosamente por medio de Su Palabra y Espíritu convirtiéndolos, a fin de que se contristen, de corazón y según Dios quiere, por los pecados cometidos; deseen y obtengan, con un corazón quebrantado, por medio de la fe, perdón en la sangre del Mediador; sientan de nuevo la gracia de Dios de reconciliarse entonces con ellos; adoren Su misericordia y fidelidad; y en adelante se ocupen más diligentemente en su salvación con temor y temblor.

VIII.— Por consiguiente, consiguen todo esto no por sus méritos o fuerzas, sino por la misericordia gratuita de Dios, de tal manera que ni caen del todo de la fe y de la gracia, ni permanecen hasta el fin en la caída o se pierden. Lo cual, por lo que de ellos depende, no sólo podría ocurrir fácilmente, sino que realmente ocurriría. Pero por lo que respecta a Dios, no puede suceder de ninguna manera, por cuanto ni Su consejo puede ser alterado, ni rota Su promesa, ni revocada la vocación conforme a Su propósito, ni invalidado el mérito de Cristo, así como la intercesión y la protección del mismo, ni eliminada o destruída la confirmación del Espíritu Santo.

IX.— De esta protección de los elegidos para la salvación, y de la perseverancia de los verdaderos creyentes en la fe, pueden estar seguros los creyentes mismos, y lo estarán también según la medida de la fe por la que firmemente creen que son y permanecerán siempre miembros vivos y verdaderos de la Iglesia, y que poseen el perdón de los pecados y la vida eterna.

X.— En consecuencia, esta seguridad no proviene de alguna revelación especial ocurrida sin o fuera de la Palabra, sino de la fe en las promesas de Dios, que Él, para consuelo nuestro, reveló abundantemente en Su Palabra; del testimonio del Espíritu Santo, el cual *da testimonio a nuestro espíritu, de que somos hijos de Dios* (Rom. 8:16); y, finalmente, del ejercicio santo y sincero tanto de una buena conciencia como de las buenas obras. Y si los elegidos de Dios no tuvieran en este mundo, tanto este firme consuelo de que guardarán la victoria, como esta prenda cierta de la gloria eterna, entonces serían los más miserables de todos los hombres.

XI.— Entretanto, la Sagrada Escritura testifica que los creyentes, en esta vida, luchan contra diversas vacilaciones de la carne y que, puestos en grave tentación, no siempre experimentan esta confianza absoluta de la fe y esta certeza de la perseverancia. Pero Dios, el Padre de toda consolación, no les dejará ser tentados más de lo que puedan resistir, sino que dará también juntamente con la tentación la salida (1 Cor. 10:13), y de nuevo despertará en ellos, por el Espíritu Santo, la seguridad de la perseverancia.

XII.— Pero tan fuera de lugar está que esta seguridad de la perseverancia pueda hacer vanos y descuidados a los creyentes verdaderos, que es ésta, por el contrario, una base de humildad, de temor filial, de piedad verdadera, de paciencia en toda lucha, de oraciones fervientes, de firmeza en la cruz y en la confesión de la verdad, así como de firme alegría en Dios; y que la meditación de ese beneficio es para ellos un acicate para la realización seria y constante de gratitud y buenas obras, como se desprende de los testimonios de la Sagrada Escritura y de los ejemplos de los santos.

XIII.— Asimismo, cuando la confianza en la perseverancia revive en aquellos que son reincorporados de la caída, eso no produce en ellos altanería alguna o descuido de la piedad, sino un cuidado mayor en observar diligentemente los caminos del Señor que fueron preparados de antemano, a fin de que, caminando en ellos, pudiesen guardar la seguridad de su perseverancia y para que el semblante de un Dios expiado (cuya contemplación es para los piadosos más dulce que la vida, y cuyo ocultamiento les es más amargo que la muerte) no se aparte nuevamente de ellos a causa del abuso de Su misericordia paternal, y caigan así en más graves tormentos de ánimo.

XIV.— Como agradó a Dios comenzar en nosotros esta obra suya de la gracia por la predicación del Evangelio, así la guarda, prosigue y consuma Él por el oír, leer y reflexionar de aquél, así como por amonestaciones, amenazas, promesas y el uso de los sacramentos.

XV.— Esta doctrina de la perseverancia de los verdaderos creyentes y santos, así como de la seguridad de esta perseverancia que Dios, para honor de Su Nombre y para consuelo de las almas piadosas, reveló superabundantemente en Su Palabra e imprime en los corazones de los creyentes, no es comprendida por la carne, es odiada por Satanás, escarnecida por el mundo, abusada por los inexpertos e hipócritas, y combatida por los herejes; pero la Esposa de Cristo siempre la amó con ternura y la defendió con firmeza cual un tesoro de valor inapreciable. Y que también lo haga en el futuro, será algo de lo que se preocupará Dios, contra quien no vale consejo alguno, ni violencia alguna puede nada. A este único Dios, Padre, Hijo y Espíritu Santo, sea el honor y la gloria eternamente. Amén.

REPROBACION DE LOS ERRORES

Habiendo declarado la doctrina ortodoxa, el Sínodo rechaza los errores de aquellos:

I.— Que enseñan: «que la perseverancia de los verdaderos creyentes no es fruto de la elección, o un don de Dios adquirido por la muerte de Cristo; sino una condición del Nuevo Pacto, que el hombre, para su (como dicen ellos) elección decisiva y justificación, debe cumplir por su libre voluntad».

— Pues la Sagrada Escritura atestigua que la perseverancia se sigue de la elección, y es dada a los elegidos en virtud de la muerte, resurrección e intercesión de Cristo: *Los escogidos sí lo han alcanzado, y los demás fueron endurecidos* (Rom. 11:7). Y asimismo: *El que no escatimó ni a Su propio Hijo, sino que lo entregó por todos nosotros, ¿cómo no nos dará también con él todas las cosas? ¿Quién acusará a los escogidos de Dios? Dios es el que justifica. ¿Quién es el que condenará? Cristo es el que murió; más aún, el que también resucitó, el que también intercede por nosotros. ¿Quién nos separará del amor de Cristo?* (Rom. 8:32-35).

II.— Que enseñan: «que Dios ciertamente provee al hombre creyente de fuerzas suficientes para perseverar, y está dispuesto a conservarlas en él si éste cumple con su deber; pero aunque sea así que todas las cosas que son necesarias para perseverar en la fe y las que Dios quiere usar para guardar la fe, hayan sido dispuestas, aun entonces dependerá siempre del querer de la voluntad el que ésta persevere o no».

— Pues este sentir adolece de un pelagianismo manifiesto; y mientras éste pretende hacer libres a los hombres, los torna de este modo en ladrones del honor de Dios; además, está en contra de la constante unanimidad de la enseñanza evangélica, la cual quita al hombre todo motivo de glorificación propia y atribuye la alabanza de este beneficio únicamente a la gracia de Dios; y por último va contra el Apóstol, que declara: *Dios... os confirmará hasta el fin, para que seáis irreprensibles en el día de nuestro Señor Jesucristo* (1 Cor. 1:8).

III.— Que enseñan: «que los verdaderos creyentes y renacidos no sólo pueden perder total y definitivamente la fe justificante, la gracia y la salvación, sino que de hecho caen con frecuencia de las mismas y se pierden eternamente».

— Pues esta opinión desvirtúa la gracia, lajustificación, el nuevo nacimiento y la protección permanente de Cristo, en oposición con las palabras expresas del apóstol Pablo: *que siendo aún pecadores, Cristo murió por nosotros. Pues mucho más, estando ya justificados en su sangre, por él seremos salvos de la ira* (Rom. 5:8,9); y en contra del Apóstol Juan: *Todo aquel que es nacido de Dios, no practica el pecado, porque la simiente de Dios permanece en él; y no puede pecar, porque es nacido de Dios* (1 Jn. 3:9); y también en contra de las palabras de Jesucristo: *Y yo les doy vida eterna; y no perecerán jamás, ni nadie las arrebatará de mi mano. Mi Padre que me las dio, es mayor que todos, y nadie las puede arrebatar de la mano de mi Padre* (Jn. 10:28,29).

IV.— Que enseñan: «que los verdaderos creyentes y renacidos pueden cometer el pecado de muerte, o sea, el pecado contra el Espíritu Santo».

— Porque el apóstol Juan mismo, una vez que habló en el capítulo cinco de su primera carta, versículos 16 y 17, de aquellos que pecan de muerte, prohibiendo orar por ellos, agrega enseguida, en el versículo 18: *Sabemos que todo aquel que ha nacido de Dios no practica el pecado* (entiéndase: tal género de pecado), *pues Aquél que fue engendrado por Dios le guarda, y el maligno no le toca* (1 Jn. 5:18).

V.— Que enseñan: «que en esta vida no se puede tener seguridad de la perseverancia futura, sin una revelación especial».

— Pues por esta doctrina se quita en esta vida el firme consuelo de los verdaderos creyentes, y se vuelve a introducir en la Iglesia la duda en que viven los partidarios del papado; en tanto la Sagrada Escritura deduce a cada paso esta seguridad, no de una revelación especial ni extraordinaria, sino de las características propias de los hijos de Dios, y de las promesas firmísimas de Dios. Así, especialmente, el apóstol Pablo: *Ninguna otra cosa creada nos podrá separar del amor de Dios, que es en Cristo Jesús Señor nuestro* (Rom. 8:39); y Juan: *El que guarda sus mandamientos, permanece en Dios, y Dios en él. Y en esto sabemos que él permanece en nosotros, por el Espíritu que nos ha dado* (1 Jn. 3:24).

VI.— Que enseñan: «que la doctrina de la seguridad o certeza de la perseverancia y de la salvación es por su propia índole y naturaleza una comodidad para la carne, y perjudicial para la piedad, para las buenas costumbres, para la oración y para otros ejercicios santos; pero que por el contrario, es de elogiar el dudar de ella».

— Pues éstos demuestran que no conocen el poder de la gracia divina y la acción del Espíritu Santo y contradicen al apóstol Juan, que en su primera epístola enseña expresamente lo contrario: *Amados, ahora somos hijos de Dios, y aún no se ha manifestado lo que hemos de ser; pero sabemos que cuando él se manifieste, seremos semejantes a él, porque le veremos tal como él es. Y todo aquél que tiene esta esperanza en él, se purifica a sí mismo, así como él es* (1 Jn. 3:2,3). Además, éstos son refutados por los ejemplos de los santos, tanto del Antiguo como del Nuevo Testamento, quienes, aunque estuvieron seguros de su perseverancia y salvación, perseveraron sin embargo en las oraciones y otros ejercicios de piedad.

VII.— Que enseñan: «que la fe de aquellos que solamente creen por algún tiempo no difiere de la fe justificante y salvífica, sino sólo en la duración».

— Pues Cristo mismo, en Mateo 13:20, y en Lucas 8:13 y siguientes, además de esto establece claramente una triple diferencia entre aquellos que sólo creen por un cierto tiempo, y los creyentes verdaderos, cuando dice que aquéllos reciben la simiente en tierra pedregosa, mas éstos en tierra buena, o sea, en buen corazón; que aquéllos no tienen raíces, pero éstos poseen raíces firmes; que aquéllos no llevan fruto, pero éstos los producen constantemente en cantidad diversa.

VIII.— Que enseñan: «que no es un absurdo que el hombre, habiendo perdido su primera regeneración, sea de nuevo, y aun muchas veces, regenerado».

— Pues éstos, con tal doctrina, niegan la incorruptibilidad de la simiente de Dios por la que somos renacidos, y se oponen al testimonio del apóstol Pedro, que dice: *siendo renacidos, no de simiente corruptible, sino de incorruptible* (1 Pe. 1:23).

IX.— Que enseñan: «que Cristo en ninguna parte rogó que los creyentes perseverasen infaliblemente en la fe».

— Pues contradicen a Cristo mismo, que dice: *Yo he rogado por tí* (Pedro), *que tu fe no falte* (Lc.22:32), y al evangelista Juan, que da testimonio de que Cristo no sólo por los apóstoles, sino también por todos aquellos que habrían de creer por su palabra, oró así: *Padre Santo, guárdalos en tu nombre*; y: *no ruego que los quites del mundo, sino que los libres del mal* (Jn. 17:11,15).

CONCLUSION

Esta es la explicación escueta, sencilla y genuina de la doctrina ortodoxa de los CINCO ARTÍCULOS sobre los que surgieron diferencias en los Países Bajos, y, a la vez, la reprobación de los errores que conturbaron a las iglesias holandesas durante cierto tiempo. El Sínodo juzga que tal explicación y reprobación han sido tomadas de la Palabra de Dios, y que concuerdan con la confesión de las Iglesias Reformadas. De lo que claramente se deduce que aquellos a quienes menos correspondían tales cosas, han obrado en contra de toda verdad, equidad y amor, y han querido hacer creer al pueblo «que la doctrina de las Iglesias Reformadas respecto a la predestinación y a los capítulos referentes a ella desvían, por su propia naturaleza y peso, el corazón de los hombres de toda piedad y religión; que es una comodidad para la carne y el diablo, y una fortaleza de Satanás, desde donde trama emboscada a todos los hombres, hiere a la mayoría de ellos y a muchos les sigue disparando mortalmente los dardos de la desesperación o de la negligencia. Que hace a Dios autor del pecado y de la injusticia, tirano e hipócrita, y que tal doctrina no es otra cosa sino un extremismo renovado, maniqueismo, libertinismo y fatalismo; que hace a los hombres carnalmente descuidados al sugerirse a sí mismos por ella que a los elegidos no puede perjudicarles en su salvación el cómo vivan, y por eso se permiten cometer tranquilamente toda suerte de truhanerías horrorosas; que a los que fueron reprobados no les puede servir de salvación el que, concediendo que pudiera ser, hubiesen hecho verdaderamente todas las obras de los santos; que con esta doctrina se enseña que Dios, por simple y puro antojo de Su voluntad, y sin la inspección o crítica más mínima de pecado alguno, predestinó y creó a la mayor parte de la humanidad para la condenación eterna; que la reprobación es causa de la incredulidad e impiedad de igual manera que la elección es fuente y causa de la fe y de las buenas obras; que muchos niños inocentes son arrancados del pecho de las madres, y tiránicamente arrojados al fuego infernal, de modo que ni la sangre de Cristo, ni el Bautismo, ni la oración de la Iglesia en el día de su bautismo les pueden aprovechar»; y muchas otras cosas parecidas, que las Iglesias Reformadas no sólo no reconocen, sino que también rechazan y detestan de todo corazón.

Por tanto, a cuantos piadosamente invocan el nombre de nuestro Salvador Jesucristo, este Sínodo de Dordrecht les pide en el nombre del Señor, que quieran juzgar de la fe de las Iglesias Reformadas, no por las calumnias que se han desatado aquí y allá, y tampoco por los juicios privados o solemnes de algunos pastores viejos o jóvenes, que a veces son también fielmente citados con demasiada mala fe, o pervertidos y torcidos en conceptos erróneos; sino de las confesiones públicas de las Iglesias mismas, y de esta declaración de la doctrina ortodoxa que con unánime concordancia de todos y cada uno de los miembros de este Sínodo general se ha establecido.

A continuación, este Sínodo amonesta a todos los consiervos en el Evangelio de Cristo para que al tratar de esta doctrina, tanto en los colegios como en las iglesias, se comporten piadosa y religiosamente; y que la encaminen de palabra y por escrito a la mayor gloria de Dios, a la santidad de vida y al consuelo de los espíritus abatidos; que no sólo sientan, sino que también hablen con las Sagradas Escrituras conforme a la regla de la fe; y, finalmente, se abstengan de todas aquellas formas de hablar que excedan los límites del recto sentido de las Escrituras, que nos han sido expuestos, y que pudieran dar a los sofistas motivo justo para denigrar o también para maldecir la doctrina de las Iglesias Reformadas.

El Hijo de Dios, Jesucristo, que, sentado a la derecha de Su Padre, da dones a los hombres, nos santifique en la verdad; traiga a la verdad a aquellos que han caído; tape su boca a los detractores de la doctrina sana; y dote a los fieles siervos de Su Palabra con el espíritu de sabiduría y de discernimiento, a fin de que todas sus razones puedan prosperar para honor de Dios y para edificación de los creyentes. Amén.

INDICE DE MATERIAS

PRINCIPALES DOCTRINAS CRISTIANAS EN LAS CONFESIONES

(Esquema para facilitar la comparación
en las distintas confesiones)

CB = Confesión Belga (Confesión de Fe de las Iglesias Reformadas
de los Países Bajos)
CH = Catecismo de Heidelberg
CD = Cánones de Dott

LOS ANGELES:
CB art. 12

LA ASCENSIÓN DE CRISTO:
CB art. 26
CH domingo 18

EL BAUTISMO:
CB art. 15 y 34
CH domingos 26 y 27

LA CAÍDA DEL HOMBRE:
CB art. 14 y 15
CH domingo 3, domingo 4 respuesta 9
CD cap. III y IV, 1

EL CASTIGO DEL PECADO:
CB art. 14
CH domingo 3, resp. 8 y domingo 4,
respuesta 10
CD cap. I, 1, III y IV, 3

LA CENA DEL SEÑOR:
CB art. 35
CH domingo 28 - 30

NUESTRO CONOCIMIENTO DE DIOS:
CB art. 2
CH domingo 3, resp. 6, domingo 47
CD cap. III, 4

LA CONVERSIÓN:
CB art. 24
CH domingo 33, domingo 44, resp. 114
CD III, IV 10-13

LA CREACION:
CB art. 12 y 14
CH domingo 3, resp. 6, domingo 9
CD III, IV 1-2

CRISTO:
CH domingo 5, resp. 15, domingo 6,
domingos 9 a 19
CD II 2-8

EL CULTO A DIOS:
CH domingo 35, resp. 96 - 98

LOS DECRETOS DE DIOS:
CB Art. 13
CH Domingo 9

146

ORIGEN DE LA RELIGIÓN:
CB art. 14
CD III, IV, 1

LA RESURRECCIÓN DE CRISTO:
CH domingo 17

LA RESURRECCIÓN DE LOS MUERTOS:
CB art. 37
CH domingo 22, resp. 57

LA REVELACIÓN DE DIOS:
CB art. 2 y 3
CH domingo 2, resp. 3, domingo 6, resp. 19
CD III, IV, 1,4,7

LOS SACRAMENTOS (EN GENERAL):
CB art. 33
CH domingo 25

LA SANTIFICACIÓN:
CB art. 24
CH domingo 30, resp. 81, domingo 33, resp.91
CD V,1-8

LA SEGUNDA VENIDA DE CRISTO:
CB art. 37
CH domingo 19, resp. 52

LA SOTERIOLOGÍA:
CB art. 21, 22
CH domingo 20
CD. II, 8, III, IV, 8

LA TRINIDAD:
CB art,8 - 11
CH domingo 8, resp. 25, domingo 20

LA VIDA ETERNA:
CB art. 37
CH domingo 22, resp. 58

148

RESEÑA DE PASAJES PARALELOS DE LA CONFESION BELGA Y CANONES DE DORT CON LOS CORRESPONDIENTES AL CATECISMO DE HEIDELBERG

RESEÑA DE PASAJES PARALELOS DE
LA CONFESION BELGA Y CANONES DE DORT
CON LOS CORRESPONDIENTES
AL CATECISMO DE HEIDELBERG

(Para uso de aquellos que siguen el Catecismo de Heidelberg
como temario de la predicación y de la catequesis)

Número del domingo del catecismo de Heidelberg	Preguntas y Respuestas	Número del artículo de la Confesión Belga	Cánones de Dort, Capítulo y artículos. RE = Reprobación de los errores
I	1	—	I, 12-14; RE I, 6, 7; III; IV, 11; V, 8-12; RE V, 5.
	2	—	I, 1-4.
II	3	—	III; IV, 5, 6.
	4	—	—
	5	14, 15	III; IV, 3-6; V, 2, 3.
III	6	14	III; IV, 1.
	7	14, 15	I, 1; III; IV, 1-4.
	8	14, 15, 24	III; IV, 3, 4.
IV	9	14, 15, 16	I, 1; III; IV, 1.
	10	15, 37	I, 4; II, 1; III; IV, 1.
	11	16, 17, 20	I, 1-4; II, 1, 2.
V	12	20	II, 2.
	13	14	II, 2; III; IV, 1-4.
	14	—	—
	15	19	II, 1-4.
VI	16	18, 19, 20, 21	II, 1-4.
	17	19	II, 1-4.
	18	10, 18, 19 20, 21	II, 1-4. —
	19	2, 3, 4, 5, 6, 7	I, 3; II, 5; III; IV, 6-8.

VII	20	22	I, 1-5; II, 5-7; III; IV, 6.
	21	23, 24	III; IV, 9-14; RE III; IV, 6.
	22	7	I, 3; II, 5; III; IV, 6-8.
	23	9	—
VIII	24	8, 9	—
	25	8, 9	—
IX	26	12, 13	—
X	27	13	—
	28	12, 13	—
XI	29	21, 22	II, 3.
	30	21, 22, 24	II, 5; RE II, 3-6.
XII	31	21, 26	—
	32	—	V, 1, 2.
XIII	33	10, 18, 19	—
	34	—	—
XIV	35	18, 19, 26	—
	36	18,19	—
XV	37	20, 21	II, 2-4.
	38	21	—
	39	20, 21	II, 2-4
XVI	40	20, 21	II, 3, 4; RE II, 7.
	41	—	—
	42	—	—
	43	—	II, 8.
	44	21	II, 4.
XVII	45	—	—
XVIII	46	26	—
	47	19, 26	—
	48	19, 26	—
	49	26	—
XIX	50	26	—
	51	—	V, 1-15.
	52	37	—

XX	53	11, 14	III; IV, 11, 12; RE III; IV, 5-8; V, 6-7.
XXI	54	16, 27, 28, 29	I, 1-18; II, 1-9; V, 9.
	55	28, 30, 31	—
	56	22, 23	II, 7, 8; V, 5.
XXII	57	37	—
	58	37	—
XXIII	59	21, 22, 23	II, 7, 8.
	60	21, 22, 23	II, 7, 8.
	61	21, 22, 23	II, 7, 8; RE II, 4.
XXIV	62	23	II, 1; III; IV, 3-6; RE III, IV, 4, 5.
	63	24	—
	64	24	III; IV, 11; V, 12, 13; RE V, 6.
XXV	65	24, 33	III; IV, 17; RE III; IV, 7-9. V; 14.
	66	33	—
	67	33	—
	68	33	—
XXVI	69	15, 34	—
	70	15, 34	—
	71	15, 34	—
XXVII	72	34	—
	73	34	—
	74	15, 34	I, 17.
XXVIII	75	35	—
	76	35	—
	77	35	—
XXIX	78	35	—
	79	35	—
XXX	80	35	—
	81	35	—
	82	35	—
XXXI	83	29, 30, 32	—
	84	29, 32	—
	85	29, 32	—

XXXII	86	24	III; IV, 11, 12; V, 10, 12.
	87	24	—
XXXIII	88	24	III; IV, 11, 12; V, 5, 7.
	89	24	III; IV, 11, 12; V, 5, 7.
	90	24	III; IV, 11, 12; V, 5, 7.
	91	24, 25	—
XXXIV	92	—	—
	93	—	—
	94	1	—
	95	1	—
XXXV	96	32	—
	97	—	—
	98	7	III; IV, 17; V, 14.
XXXVI	99	—	—
	100	—	—
XXXVII	101	36	—
	102	—	—
XXXVIII	103	—	V, 14.
XXXIX	104	36	—
XL	105	36	—
	106	—	—
	107	—	—
XLI	108	—	—
	109	—	—
XLII	110	—	—
	111	—	—
XLIII	112	—	—
XLIV	113	—	—
	114	24, 29	V, 4.
	115	25	III, IV, 17.

XLV	116	—	—
	117	—	—
	118	—	—
	119	—	—
XLVI	120	12, 13, 26	—
	121	13	—
XLVII	122	2, 7	—
XLVIII	123	36, 37	—
XLIX	124	12, 24	III; IV, 11, 16.
L	125	13	—
LI	126	15, 21, 22, 23	II, 7.
LII	127	26	V, 6-8.
	128	26	—
	129	—	—

NOTAS PERSONALES